MARION MONTAIGNE

DANS LA COMBI DE
THOMAS PESQUET

DARGAUD
PARIS BARCELONE BRUXELLES HONG KONG LAUSANNE LONDRES MONTREAL NEW YORK SHANGHAI

«In reality, maybe one per cent of an astronaut's career takes place in space, and one per cent of that is done in a pressure suit.»

Mary Roach

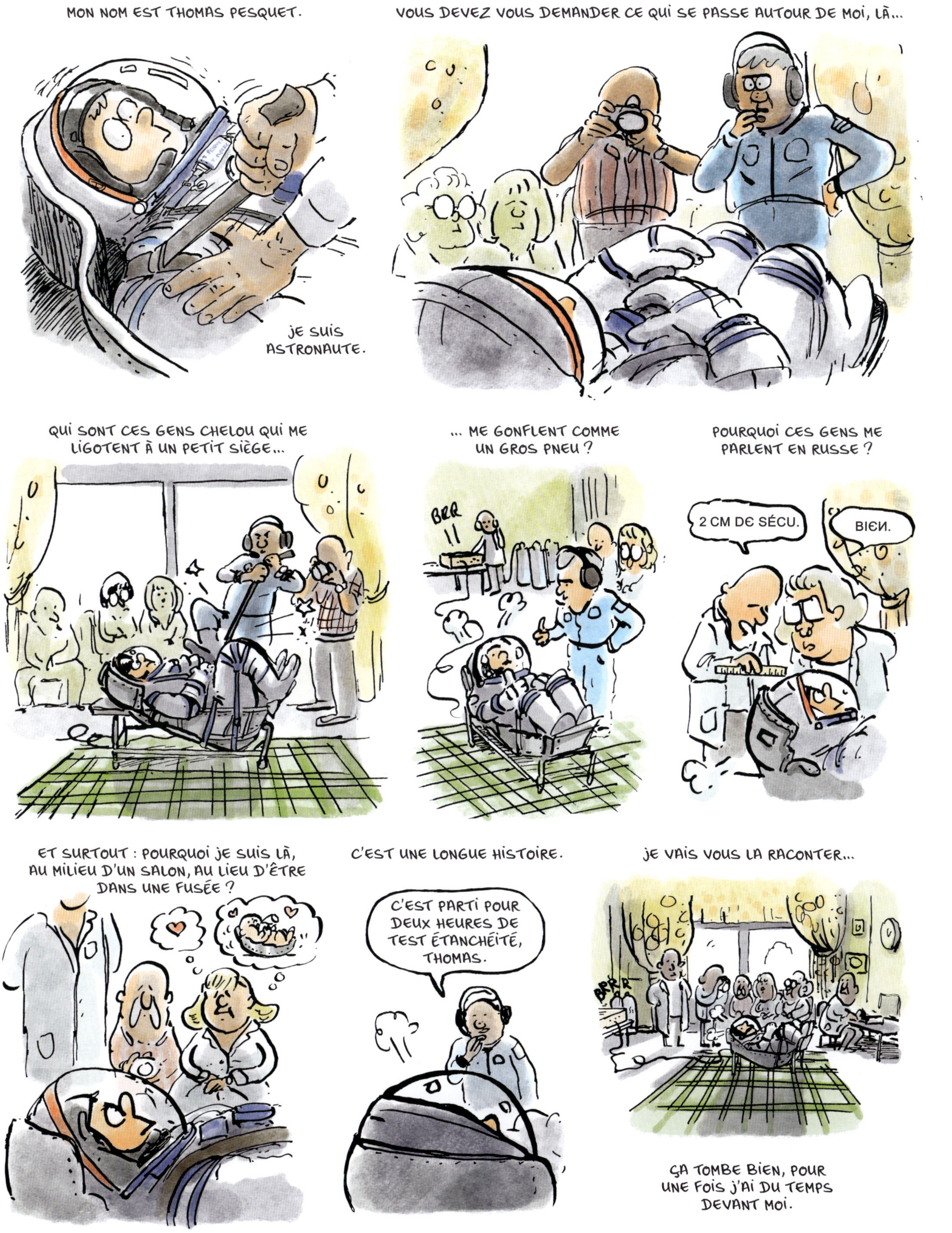

MON NOM EST THOMAS PESQUET.
JE SUIS ASTRONAUTE.
VOUS DEVEZ VOUS DEMANDER CE QUI SE PASSE AUTOUR DE MOI, LÀ...
QUI SONT CES GENS CHELOU QUI ME LIGOTENT À UN PETIT SIÈGE...
... ME GONFLENT COMME UN GROS PNEU ?
BRR
POURQUOI CES GENS ME PARLENT EN RUSSE ?
2 CM DE SÉCU.
BIEN.
ET SURTOUT : POURQUOI JE SUIS LÀ, AU MILIEU D'UN SALON, AU LIEU D'ÊTRE DANS UNE FUSÉE ?
C'EST UNE LONGUE HISTOIRE.
C'EST PARTI POUR DEUX HEURES DE TEST ÉTANCHÉITÉ, THOMAS.
JE VAIS VOUS LA RACONTER...
BRRR
ÇA TOMBE BIEN, POUR UNE FOIS J'AI DU TEMPS DEVANT MOI.

JE NE SAIS PAS QUAND TOUT ÇA A COMMENCÉ. ÇA DOIT REMONTER À L'ENFANCE...

MON DIEU MAIS THOMAS ! QU'EST-CE QUE...
F'EST RIEN, M'MAN.
J'AI DÛ ATTERRIR EN MANUEL.
UNE OPÉRATION SOMME TOUTE TRÈS BANALE POUR UN ASTRONAUTE !
LAISSE. ÇA LUI PASSERA.
SAUF QU'EN VRAI, ÇA NE M'EST PAS PASSÉ.
1986
MAIS COMMENT FAITES-VOUS POUR SUPPORTER CES VITESSES HYPERSONIQUES, SPOCK ?
JE MANGE BEAUCOUP DE FIBRES, MON P'TIT KIRK !
STAR WARS
ULYSSE 31
1988
E.T.
TOP GUN
1989
Exposé pourquoi il faut aller dans l'espace
JE PRÉVOIS DONC D'ÉCRIRE UNE LETTRE À M. MITTERRAND.
POUR QUE LA LUNE SOIT LE NOUVEAU DOM-TOM DE LA FRANCE !
BOURGET 1994
SATURNE
1995
THOMAAAS...
EMBRA...SHRR
CHUT !
HOUSTON, WE HAVE A PROBLEM !

FINALEMENT, AVEC LE RECUL, J'AI FAIT TOUT CE QU'IL FALLAIT POUR ATTEINDRE CET OBJECTIF :

BAC SCIENTIFIQUE ÉVIDEMMENT.

PUIS INGÉNIEUR AÉRONAUTIQUE TANT QU'À FAIRE.

PUIS, PILOTE.

JUSQU'À CE JOUR DE 2008...

ET C'EST AINSI...

JEAN-PIERRE ? ON A UN PROBLÈME.
QUOI ?
C'EST L'ORDINATEUR...
JE NE COMPRENDS PAS CE QU'IL ME FAIT.
C'EST QUOI CES TRUCS QUI S'AFFICHENT ?
SA
U PLUS
ES ÉTOILES

... QUE JE ME SUIS RETROUVÉ CONVOQUÉ UN MATIN, À 8 HEURES, À HAMBOURG.

SUR LES 8 413 CANDIDATURES DÉPOSÉES EN LIGNE, NOUS N'ÉTIONS QUE 1 000 APTES À PASSER LES ÉPREUVES.

CRAC !
TROP FLIPPANTE !
KILL
DIE
ET LUI ALORS ?...
TAP TAP
TOI, T'AS UNE BONNE TRONCHE DE MILITAIRE.
?
TAP TAPTAP.
MA TOI, TOU AS 12 ANS ET T'AS OUNE BONNÉ TRONCHE D'INGÉNIEUR EN UN TROUC CHIANT.
GENRE INGÉNIEUR BOULON.
GNI
BON ! S'IL VOUS PLAÎT ! ON VA COMMENCER LE TEST !
IL NE VA PAS FAIRE LONG FEU.

BOOUHOUNQ!
J'T'EN FOUTRAI DES TESTS DE MEER...
Hein?
HA HA
1/ Calculez :
$\sqrt{5623} = ?$
COOL ! DU CALCUL MENTAL !
BAC S OPTION FAYOT MENTION TB
FASTOCHE !
2/ Les maths, c'était un échauffement. Maintenant, regardez ce cube :
?!!

TROIS MOIS PLUS TÔT, RÉUNION SECRÈTE DES PSYCHOTECHNICIENS SADIQUES.
Où l'on découvre que l'astronaute a en fait une âme
L'AGENCE SPATIALE EUROPÉENNE (ESA) A DONC FAIT APPEL À NOUS...
ON DOIT LEUR FOURNIR DES TESTS QUI FONT MAL À LA TÊTE. DES IDÉES ?
COMME LES CANDIDATS SONT DE POTENTIELS ASTRONAUTES... FAUT FRAPPER FORT, QUE ÇA SAIGNE DU NEURONE, QU'ILS DOUTENT DE LEURS CAPACITÉS, LES POUSSER DANS LEURS RETRANCHEMENTS !
C'EST VRAI QUOI ! QUITTE À OBTENIR LE DROIT DE SE LA PÉTER TOUT LE RESTE DE LEUR VIE, AUTANT QU'ILS LE MÉRITENT VRAIMENT !
HMM
TOUT À FAIT D'ACCORD !
BIEN DIT !
BRRR
ÇA TOMBE BIEN : CE WEEK-END, J'AI PRIS DE LA DROGUE...
J'AI VU SATAN ET J'AI RAMENÉ CE TEST DE L'ENFER : LE CUBE À CROIX.
IL Y A QUATRE FAÇONS DE BOUGER LE CUBE.
BACK
LEFT
RIGHT
FRONT
CHOSE QU'ON VA DEMANDER AUX CANDIDATS DE FAIRE, MAIS DE TÊTE.
DE TÊTE, SANS SUPPORT VISUEL ?
NAN !
RIEN !
PAF
CALMOS BRUNO...

POUIC
RIGHT-LEFT-LEFT-LEFT-RIGHT-RIGHT-RIGHT-LEFT-LEFT-RIGHT-RIGHT-LEFT-FRONT-BACK-BACK-FRONT-LEFT-RIGHT-RIGHT-BACK-FRONT-FRONT-LEFT-BACK...
OUAIS... PAS MAL.
QUOI ? VOUS N'AIMEZ PAS ?
LUDIQUE
CÔTÉ "GESTION DE L'ESPACE", C'EST SUPER. MAIS IL FAUT AUSSI UN TEST QUI FASSE PANIQUER.
... FAIT SURTOUT POUR VOIR "QUI S'ADAPTE", PLUTÔT QUE "QUI RÉUSSIT".
POUR ÇA, MOI JE PROPOSE LA TECHNIQUE DE...
LA SUITE DE CHIFFRES

ON DICTE UNE LISTE DE CHIFFRES ENTRE 3 ET 10.
LE CANDIDAT NE SAIT PAS QUAND LA LISTE VA S'ARRÊTER.
ELLE PEUT DURER ENTRE 30 SECONDES ET 3 MINUTES.
7-2-6-8-3-5-4-7-7-6-3-4-7-5- -3-3-6-5-9-7-8-5-4-6-8
CRR
MAIS QUAND ELLE STOPPE...
5-3-9-4.
IL DOIT DONNER LE MAXIMUM DE CHIFFRES RETENUS ET DANS L'ORDRE INVERSE DE CE QU'IL A ENTENDU.
EUH... 4
ENSUITE, ON FAIT PAREIL, MAIS EN PLUS VITE.
HAAA
AAA
AAAAH
DOLIPRANE
ET LE NUMÉRO COMPLÉMENTAIRE : LE 6.

KANTINE
AH, LA VACHE ! J'AI UNE DE CES DALLES !
LE DERNIER TEST M'A CRAMÉ 700 KILOCALORIES !!
JE NE PENSE PAS QUE LE BUT DU DERNIER EXERCICE ÉTAIT D'AVOIR FORCÉMENT LES BONS RÉSULTATS.
ILS VOULAIENT JUSTE VOIR QUI LAISSERAIT TOMBER ET QUI S'ACCROCHERAIT.
BIEN SÛR
DAVID, LE BELGE, LUI, IL A COMPLÈTEMENT PANIQUÉ. PAS BON ÇA.
LA DANOISE LÀ, ELLE A PRÉTENDU QUE C'ÉTAIT SON ORDINATEUR QUI NE MARCHAIT PAS.
MAIS TU LES CONNAIS TOUS, MA PAROLE !
L'OBSERVATION.
"CONNAIS TES ENNEMIS"... ET ARRACHE-LEUR LES YEUX.
"L'ART DE LA GUERRE"
DE SUN TZU.
EH OUAIS ! ON EST TOUS EN CONCURRENCE...
GLOUPS
NAN JE DÉCONNE ! J'ÉTAIS DANS LA FILE AVEC EUX.

JE PEUX ?
?
OF COURSE.
MERCI !
BONG !
JE M'APPELLE LUCA.
THOMAS
HERVÉ
VOUS FAITES QUOI DE BEAU DANS LA VIE ?
PILOTE DE LIGNE.
HO ! DU COMMERCIAL.
BIEN. SYMPA.
CLAC !
ET TOI ?
MOI, PILOTE DE CHASSE DANS LES FORCES AÉRIENNES ITALIENNES.
COUIC !
BIEN.
HMM
ET TOI, HERVÉ ?
HOOO... MOI ÇA FAIT VINGT ANS QUE JE TRAVAILLE DANS LE SPATIAL. EN FAIT, JE SUIS INSTRUCTEUR POUR ASTRONAUTE.
JE SUIS UN PEU DE LA MAISON, QUOI.
DISONS QUE JE CONNAIS UN PEU LE MÉTIER.
EXAMEN JEDI
HA HA !
FASTOCHE !
HMM
BIEN

Exercice 45 : on vous laisse grâcieusement 0,65 seconde pour mémoriser ces jauges.
Voilà.
BLIC
BLIC!
Donnez les chiffres indiqués par l'aiguille des instruments carrés à fond noir.
AH ! ON A UNE MORT CÉRÉBRALE À GAUCHE.
14:15
SI = ALORS = ?
POURQUOI ?
VRAI OU FAUX
15:20
VOUS DEVEZ VOUS ENTRETUER, MAIS EN COLLABORANT.
PIU PIU TU TU
BLIP BLIP
16:40
HM.
17:30
RB 20 DC 52
84 42
14
18:20
19:00

PARIS - ÉTÉ 2008
APRÈS, J'AI DORMI COMME UN BÉBÉ !
MAIS EN FAISANT PLEIN DE RÊVES DÉBILES
DU GENRE ?
OUHLALALA ! MAIS VOUS ÊTES TOUT TEN-DU !
EUH... J'AI OUBLIÉ.
PAR CONTRE, VOUS LE GARDEZ POUR VOUS : VOUS ÊTES LES SEULS PROCHES À QUI J'AI DIT QUE JE PASSAIS CES EXAMENS.
T'ÉTAIS AU COURANT, TOI ?
ENCORE HEUREUX ! ÇA AURAIT ÉTÉ DUR DE CACHER ÇA À SA COPINE, QUAND MÊME !
MAIS SES PARENTS NE LE SAVENT PAS ENCORE
BON, IMAGINONS QUE TU SOIS PRIS. CE SERA QUOI LE JOB, EXACTEMENT ?
J'IRAI DANS : LA STATION SPATIALE INTERNATIONALE
ZE "ISS" AS SAY THE AMERICANS.
OUAAAAH !
HÉÉ OUAIS
C'EST QUOI, "L'IÉSSÈSSE" ?

ON A TOUS VU CES IMAGES DES MISSIONS APOLLO PENDANT LESQUELLES LES PREMIERS HOMMES (AMÉRICAINS) ONT MARCHÉ SUR LA LUNE.
JUILLET 1969
MINCE... C'EST LE GRAND MOMENT.
ET JE NE SAIS PLUS MON DISCOURS.
"C'EST UN PETIT PAS POUR UN TYPE QUI CHAUSSE DU 41 MAIS UN..." NON.
FUCK !
LES RUSSES AUSSI LES ONT VUES, ET DANS LE CONTEXTE DE LA GUERRE FROIDE, L'EXPLOIT LES AVAIT BIEN SCIÉS.
IT'S A SMALL STEP FOR HUMAN BUT A BIG FOOT FOR HUMANITY.
IL DIT QUOI ?
JE CROIS QU'IL TRAITE LE RESTE DE L'HUMANITÉ DE VIEILLE SOCQUETTE, SERGEÏ.
APRÈS APOLLO, RUSSES ET AMÉRICAINS SE DIRENT QUE ÇA SUFFISAIT, LA COMPÉTITION.
BON, MON COCO, FINALEMENT, J'AVOUE, T'EN AS PAS UNE SI PETITE.
TOI NON PLUS.
TU SAIS QUOI ? AU LIEU D'ESSAYER D'ÊTRE CHACUN CELUI QUI PISSE LE PLUS LOIN, ON POURRAIT ESSAYER DE LE FAIRE ENSEMBLE.
EN MÊME TEMPS ?
OUAIS, CÔTE À CÔTE, MAIS CETTE FOIS, ON JOINT LES DEUX BOUTS.
HEIN ? MAIS C'EST SALE !
HA HA ! C'EST UNE IMAGE !
HAAA ! LA BARRIÈRE DES LANGUES ! ON VA BIEN SE MARRER !
HA! HA! HA!

AINSI NAQUIT L'IDÉE, FIN 1960 DÉBUT 1970, DE MARIER DEUX VAISSEAUX, UN AMÉRICAIN (APOLLO) ET UN RUSSE (SOYOUZ) DANS L'ESPACE, POUR QUE LES ASTRONAUTES DE CHAQUE BORD S'Y RETROUVENT.

SEULEMENT À L'ÉPOQUE, AU NIVEAU DES JONCTIONS ENTRE DEUX VAISSEAUX, NORMALEMENT ÇA SE PASSAIT COMME PAPA DANS MAMAN.

OR, C'EST À CE NIVEAU-LÀ QUE LES DEUX PAYS N'ARRIVAIENT PAS À SE METTRE D'ACCORD.

LES INGÉNIEURS PLANCHÈRENT DONC SUR UN SYSTÈME DE JONCTION "HERMAPHRODITE".

EN SOMME, APOLLO ET SOYOUZ SE JOIGNIRENT UN PEU COMME DEUX GROSSES CARPES QUI S'EMBRASSENT...

... ET PERMIRENT LA RENCONTRE SYMBOLIQUE DE DEUX ÉTATS ANCIENNEMENT EN GUERRE.

APRÈS, IL Y EUT TOUTES SORTES DE JEUX DE MECCANO.
MIR (1986-2001)
NAVETTE SPATIALE
HO ! BOUCHE-À-BOUCHE !
ET EN 1998 ENFIN, CE FUT L'ASSEMBLAGE DE LA STATION SPATIALE INTERNATIONALE (ISS), UN MECCANO GRAND COMME UN TERRAIN DE FOOT.
SALUT LES GARS, JE PEUX JOUER AVEC VOUS ?
BEN OUAIS, C'EST INTERNATIONAL.
COLUMBUS
MAIS UN PEU "INTERNATIONAL AMÉRICAIN", QUAND MÊME.
ATTENTION : LA STATION SPATIALE EST CERTES UN VAISSEAU.
ISS
OCCAZ !
-50%
C'EST PAS MAL, ÇA.
STYLÉ
VINTAGE
MAIS PAS UN VÉHICULE QUI PERMET D'ALLER AUX CONFINS DE L'UNIVERS.
MAIS REGARDE-MOI CETTE CAMELOTE, KIRK !
Y A MÊME PAS D'VOLANT !!!
NI DE SIÈGE !
ELLE RESTE EN ORBITE AUTOUR DE LA TERRE.
16 FOIS PAR JOUR
Y A MÊME PAS DE GRAVITÉ ARTIFICIELLE !
IL Y RÈGNE DONC L'IMPESANTEUR 24H/24, 7 JOURS SUR 7. OUTRE QUE CE SOIT MARRANT...
BAC +12
BOULE D'EAU
BEUAAAAR
COUSCOUS
QI DE 365
OUPS !
FUTURE MINISTRE DES SCIENCES

CELA PERMET D'Y FAIRE DES EXPÉRIENCES ABSOLUMENT IMPOSSIBLES SUR TERRE.
TU BOSSES SUR QUOI, SPOCK ?
J'ESSAIE DE VOIR SI LA REPRODUCTION SEXUELLE EST POSSIBLE EN IMPESANTEUR.
GNNI !
GNN
ÇA MARCHE ?
POC
SI ON L'AIDE...
YAHOO! news
L'HUMAIN PEUT SE REPRODUIRE DANS L'ESPACE !
«Il faudra juste qu'un collègue aide le couple !» déclare le Dr Glen de la NASA.
CAR RAPPELONS-LE, IL N'EXISTE PAS DE SALLE ZÉRO-G SUR TERRE.
PAR CONTRE, LA CHAMBRE ZÉRO POINT-G, JE CONFIRME, ELLE EXISTE.
C'EST COMME ÇA QU'ON DÉCOUVRE DES TRUCS QUI AURONT, PLUS TARD, DES RETOMBÉES SUR TERRE, EN BIOLOGIE, EN MÉDECINE, EN PHYSIQUE SPATIALE...
ÉCOUTEZ, SI VOUS VOULEZ AVOIR UN ENFANT...
JE VIENS CHEZ VOUS, JE VOUS AIDE.
DOC
MAIS C'EST LA NASA QUI LE DIT !
C'EST VRAI !!!
OU AIDERONT À ALLER, UN JOUR QUI SAIT, SUR D'AUTRES PLANÈTES !
PEI-NARD !
VOILÀ CE QUE JE FERAI QUAND JE SERAI ASTRONAUTE !
SI JE RÉUSSIS MES TESTS PSYCHIA-TRIQUES !
OUAIS BEN DÉJÀ, CHEZ LE PSY, ÉVITE DE MONTER SUR LES TABLES EN GUEULANT.
ÇA PEUT AIDER.

EN SEPTEMBRE 2008, J'ÉTAIS CETTE FOIS CONVOQUÉ À COLOGNE POUR DES TESTS PSYCHOLOGIQUES. ET LÀ, C'ÉTAIT L'ÉCRÉMAGE : ON N'ÉTAIT PLUS QUE 200 SUR 1000.
BE ASTRONAUT
JUST BECAUSE IT'S COOL
SILENCE PLEASE ! TESTS START IN ONE MINUTE !
HERE ARE 700 PSYCHOLOGICAL QUESTIONS. ENJOY.
OOOH NOOOON !! Y A PU D'MATHS !
Question 002 : j'aime regarder les fleurs au printemps.
oui
non
HOOOU ! ÇA SENT LE PIÈGE.
Question 004 : vous vous sentez plutôt…
serein
heureux
clic
clic
clic
Question 086 : votre humeur est plutôt…
sinusoïdale
assertive
astringente
?
Question 120 : mais entre nous, vers 12h40-12h42, votre humeur penche vers une tendance…
heureuse
astringente
MAA !
Question 250 : l'un dans l'autre, vous préférez…
démembrer votre mère
décapiter votre père
MAIS QUELLE BANDE DE TARÉS POND DES QUESTIONNAIRES PAREILS ?
clic
clic

DEUX MOIS PLUS TÔT
SPACE PSYCHIATRIC CONSORTIUM
L'ESA A BESOIN DE VOUS POUR FAIRE UN QUESTIONNAIRE BIEN TORDU.
SUPER !
MFFF !
PAS DE PROBLÈME. FACILE. ON PART SUR QUEL PROFIL ?
EGO SOLIDE, LIMITE ARROGANT ?
EH BIEN...
MACHO INTRÉPIDE ?
JUSTEMENT.
MFFF !
AVIATEUR SUICIDAIRE ?
RETIREZ LA BOULE DE VOTRE BOUCHE, DOCTEUR.
MMM !
PROFIL "ÉTOFFE DES HÉROS" ?
COURAGEUX ?
BIEN SEC, TÊTE BRÛLÉE, BIEN CRAMÉE ?
NAN NAN
ESPRIT MILITAIRE ?
NAAAAN... C'EST PLUS SUBTIL QUE ÇA !
NON... NON, ON EN EST REVENU, DU PROFIL "MÂLE ALPHA" DE LA VIEILLE ÉCOLE "ÉTOFFE DES HÉROS", GENRE PILOTE D'ESSAI SAUVAGE.
VOICI LE FX-300 JUMBO LOLLIPOP !
T'ES LE PREMIER À LE TESTER, BUDDY.
COOL
SURTOUT, FAIS GAFFE À CE BOUTON, LÀ.
C'EST L'OPTION "SANS AILES"
C'EST POUR RANGER L'AVION DANS LE HANGAR. ÇA SERT AU SOL, PAS EN VOL.
FLY N' KILL

ON S'EST RENDU COMPTE QUE LEUR EGO ET LEUR EXCÈS DE ZÈLE ÉTAIENT PARFOIS TROP DURS À CANALISER.

ET PUIS À L'ÉPOQUE, LES GARS PARTAIENT DANS L'ESPACE À PEINE UN JOUR, ET DANS DE SACRÉES BOÎTES DE CONSERVE SPATIALES.
ÇA NE VA PAS.
QUOI ?
VOUS AVEZ MIS DU REMBOURRAGE DANS LE SIÈGE...
OR J'AIME LE CONTACT FROID DU MÉTAL SUR MA PEAU.
CAPSULE MERCURY
ET ILS ÉTAIENT SEULS.
YOUHOU !
C'EST QUI L'PLUS FORT, LES GARS ?
SCHRR... C'EST TOI, BUDDY !
AUJOURD'HUI NOS GARS PARTENT SIX MOIS DANS L'ESPACE, AVEC CINQ AUTRES TYPES DE NATIONALITÉS DIFFÉRENTES.
QUELS EXEMPLES !
BON DIEU QU'ILS SONT BEAUX !
SI COURAGEUX !
OR ON NE PEUT PAS ENFERMER SIX EGO GROS COMME LE TEXAS DANS UN ENDROIT AUSSI RESTREINT.
C'EST MOI QU'APPUIE SUR LE BOUTON !!!
NAN C'EST MOI !
C'EST MOI LE BOSS !
NON ! MOI !
FIRE
BREF, AUJOURD'HUI ON VA PLUS SUR DES PROFILS TOM HANKS QUE BRUCE WILLIS.
ALLEZ, ÇA Y EST LES GARS, J'AI APPUYÉ SUR LE BOUTON.
GOD BLESS YOU, BILLY !
JE SUIS FIER DE TOI, BILLY.
ON N'AURAIT PAS FAIT MIEUX, BILLY.
WELL DONE, BILLY.
DONC ON PART SUR UN PROFIL "SYMPA"
"SÛR DE LUI" QUAND MÊME
PAS LOURD ET CONSCIENCIEUX
BON COMMUNICANT
PATIENT
ORGANISÉ
TOLÉRANT UN ESPACE PRIVÉ RÉDUIT
RÉSILIENT
RÉSISTANT AU STRESS
PERSÉVÉRANT
INTELLIGENT
CALME
TRAVAILLOMANE
COURAGEUX
BIEN, FAUT METTRE TOUT ÇA EN QUESTIONS, MAINTENANT.
2 HEURES PLUS TARD.
PLUTÔT ASSERTIF ALORS...
OUI MAIS ASTRINGENT...
À TENDANCE SINUSOÏDALE.
FAUDRAIT AUSSI UNE QUESTION SUR LA PUDEUR...
QUESTION 652 : COMMENT QUALIFIEZ VOUS VOTRE PUDEUR ?
DÉBORDANTE ?
FRACTALE ?
UN PEU COMME CELLE DE TOM HANKS.

NORMANDIE, FRANCE - NOËL 2008.
COMMENT ÇA, UN "CONCOURS POUR DEVENIR ASTRONAUTE" ?
??
ÇA EXISTE ?
BAH OUI !
MAIS QUAND TU DIS ASTRONAUTE... C'EST POUR ALLER DANS L'ESPACE ?
YEP.
POUR DE VRAI ?
BAH OUI !
JE NE VEUX PAS FAIRE ASTRONAUTE POUR CONDUIRE UN TRACTEUR, M'MAN.
TU... MAIS... SUR UNE FUSÉE ? ÇA EXPLOSE, LES FUSÉES !
ATTENDS...
MAIS... C'EST...
C'EST SUPER DANGEREUX !!!
PASSE TES PATATES, ASSIEDS-TOI. JE T'EXPLIQUE.
?
IMAGINE QUE CE POIVRIER, C'EST UNE CAPSULE SPATIALE SOYOUZ, ET QUE SOUS LA BOULE, T'AS TROIS ASTRONAUTES, LÀ.
DOUCEMENT, C'EST UN POIVRIER PEUGEOT...
ON LA MET AU SOMMET D'UNE GROSSE FUSÉE, LA BOUTEILLE. SAUF QU'À LA PLACE DE L'EAU QUÉZAC, DEDANS...
T'AS 275 TONNES DE CARBURANT...
?
BEN, BONJOUR LE BILAN CARBONE...
ET LÀ, BAM ! DÉCOLLAGE DEPUIS BAÏKONOUR !
MA NAPPE !
SÉPARATION DU 1er, 2e ÉTAGE ET DU SOYOUZ...
PCHIIUUU !
ON REJOINT LA STATION SPATIALE À 400 KM D'ALTITUDE (LE PLAFONNIER).

BLING
48 HEURES APRÈS DÉCOLLAGE, ARRIMAGE À LA STATION !
HA!
HOUSTON ! Y A DE LA POUSSIÈRE D'ÉTOILE PARTOUT...
VISIBILITÉ NULLE !!!
MAIS... ?
QU'EST-CE QUI... ?
LES ASTRONAUTES TRAVAILLENT 6 MOIS DANS LA STATION - ILS Y SONT NON-STOP, 24H/24 - ET PARFOIS, ILS SORTENT DANS LE VIDE SPATIAL POUR RÉPARER UN TRUC OU DEUX.
GOSH ! IL ÉTAIT TEMPS DE CHANGER CETTE AMPOULE.
AU BOUT DE SIX MOIS, C'EST RETOUR SUR TERRE.
SÉPARATION DU SOYOUZ.
ON DESCEND EN ALTITUDE.
ET UNE FOIS À 150 KM DE LA TERRE...
ON LARGUE CETTE PARTIE AVEC LES MOTEURS : LE MODULE DE SERVICE.
PLOC!
MAIS QU'EST-CE QU'IL...?
PAF!
PAREIL POUR LA PARTIE RONDE, LE MODULE ORBITAL : ON JETTE.
PLOC
HÉÉÉ!
IL NE RESTE PLUS QUE LE MODULE DE DESCENTE, AVEC NOS ASTRONAUTES DEDANS.

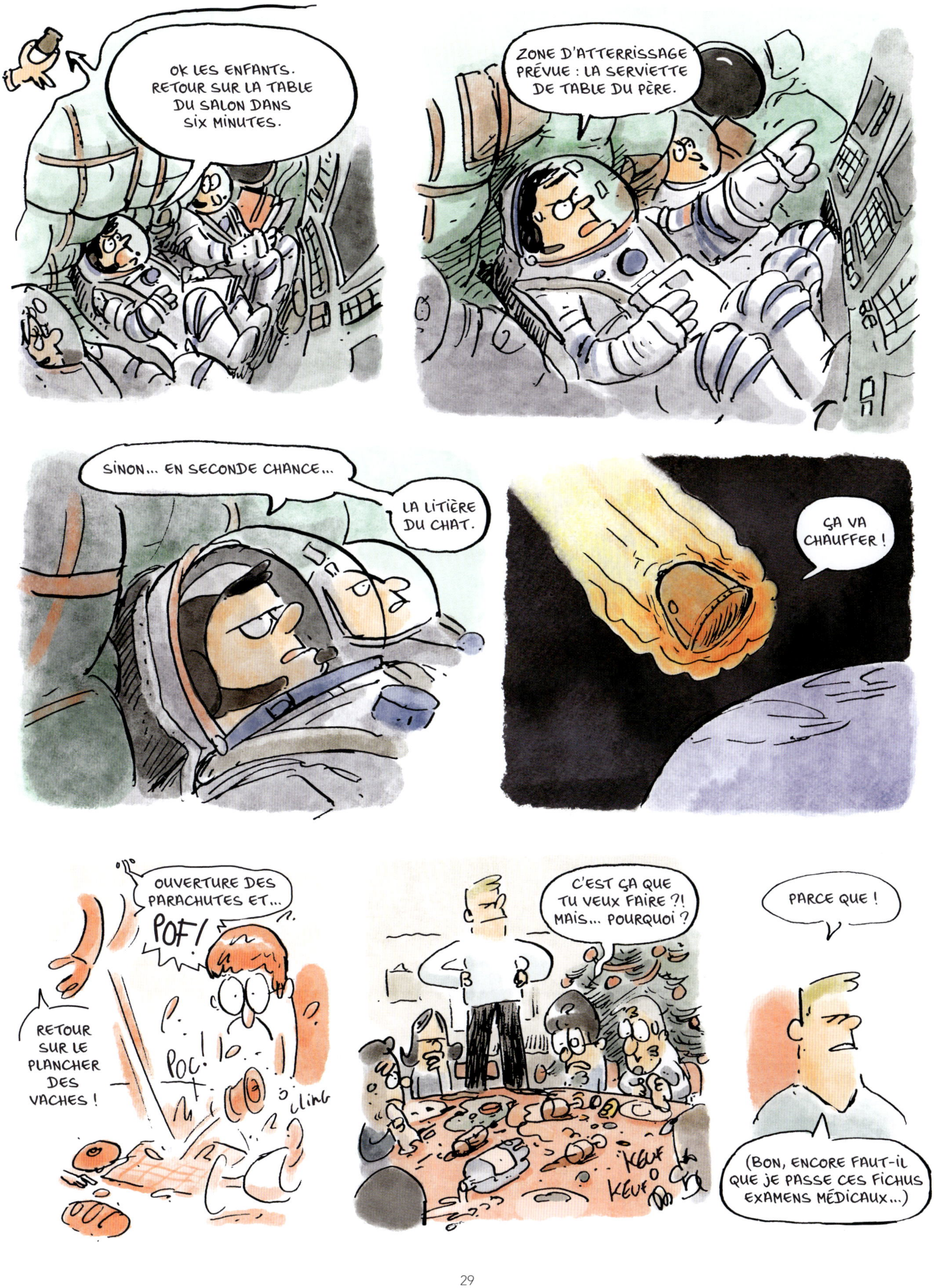
OK LES ENFANTS. RETOUR SUR LA TABLE DU SALON DANS SIX MINUTES.
ZONE D'ATTERRISSAGE PRÉVUE : LA SERVIETTE DE TABLE DU PÈRE.
SINON... EN SECONDE CHANCE...
LA LITIÈRE DU CHAT.
ÇA VA CHAUFFER !
OUVERTURE DES PARACHUTES ET...
POF !
RETOUR SUR LE PLANCHER DES VACHES !
POC !
CLING
C'EST ÇA QUE TU VEUX FAIRE ?! MAIS... POURQUOI ?
KEUF KEUF
PARCE QUE !
(BON, ENCORE FAUT-IL QUE JE PASSE CES FICHUS EXAMENS MÉDICAUX...)

FÉVRIER 2009 - COLOGNE, EXAMENS MÉDICAUX.
DIE BLÜMEN HOTEL
KÖLN
esa
PLANNING WEEK 1 :
LUNDI
8H-9H
OPHTALMO
TEST VISUEL, FOND DE L'ŒIL
10H-11H
TEST D'EFFORT
MARDI
16H
TOUCHER
R
esa convocation médicale
MEDICAL TOUR
FOND SANS FIN DE L'OEIL
LA CoPoscopie infernale
EXAM DENTAIRE
2 SEMAINES IN-OU-BLI-A-BLEU
L'ELECTROCARDI de l'angoisse
HERR PESQUET ?
OLIVIA ?
TOUT À FAIT. HALLO !
ALORS C'EST VOUS QUI ALLEZ ME FAIRE LA TRADUCTION, IL PARAÎT.
TAXI
VOILÀ.
HOO MAIS VOUS SAVEZ, JE SAIS PLUTÔT BIEN PARLER ALLEMAND.
TAXI
OUI MAIS LÀ, IL Y AURA BEAUCOUP DE TERMES MÉDICAUX.
ALORS VOUS SEREZ LÀ À TOUS LES EXAMENS ?
HÉÉ OUI !
FRESH BAVIÈRE
MAIS JE ME FERAI PETITE.
MERCREDI :
coloscopie - salle 238
ZUM CENTRALEN KRANKHAUS VON KÖLN, BITTE.
OKÉ !
EH BIEN, OLIVIA...
ÇA VA ÊTRE UNE BELLE AVENTURE.

Biiip
LAUFEN !
BRRRR
UND 12.
"ET DE DOUZE."
J'AVAIS COMPRIS.
ß
GUT
PUSHEN !
ALLEZ !
GNNN
APTQ
DCVU
TNLB
A
Ä
U
Ü
GROS B ?
ß
IL VA VOUS METTRE UN PRODUIT DANS L'ŒIL QUI VA VOUS DILATER LA PUPILLE PENDANT PLUSIEURS HEURES. VOUS RISQUEZ D'ÊTRE AVEUGLÉ.
VOUS DEVEZ PÉDALER À FOND ET SANS MOLLIR. LE CURSEUR DOIT RESTER À 120.
WIE EIN PEDALO
DITES-LUI QUE J'AIMERAIS BEAUCOUP MAIS QUE JE VOIS PAS SON CURSEUR. JE VOIS... DE LA LUMIÈRE, UN TUNNEL DE LUMIÈRE.

EIN TOTES HERZ
DAS IST NICHT GÜT
IL DIT QUE C'EST UN HOLTER CARDIAQUE.
C'EST UN BOÎTIER QUI VA ENREGISTRER VOTRE RYTHME CARDIAQUE SUR 48H.
JA
DONC VOUS LE PORTEZ NON-STOP PENDANT DEUX JOURS.
ET SI VOUS RESSENTEZ UNE ÉMOTION VIVE, QUE VOUS SURSAUTEZ, VOUS LE NOTEZ DANS LE CARNET.
POUR QUE LES MÉDECINS NE PRENNENT PAS ÇA POUR UNE ANOMALIE DU RYTHME.
ET DONC LÀ, J'AI UN HOLTER SUR MOI.
HOTEL
ET COLOGNE ?
C'EST BIEN COMME VILLE ?
ALORS FIGURE-TOI QU'ON EST EN PLEIN CARNAVAL EN CE MOMENT...
HA! HA!
MAIS DE TOUTE FAÇON, MOI JE SUIS ENFERMÉ TOUTE LA JOURNÉE. POURQUOI, TU...
BEN JE SAIS PAS, SI T'ES PRIS AUX EXAMENS, TU VAS DEVOIR Y VIVRE, ET MOI AUSSI PEUT-ÊTRE...
HA HA ! T'EMBALLE PAS !
C'EST PAS ENCORE GAGNÉ !
ARRÊTE, TU SAIS QUE TU AS TOUTES TES CHANCES ! TU RÉUSSIS TOUT CE QUE TU ENTREPRENDS.
NAN ! C'EST FAUX !
1984
GNi
LUNDI SOIR, 22H : "EMBALLEMENT DU HOLTER SUITE À UN SOUVENIR PROFONDÉMENT DOULOUREUX".

MERCREDI 8H, COLOSCOPIE.
ENTSPANNEN !
IL VOUS DIT DE VOUS DÉTENDRE.
"CHER JOURNAL, MERCREDI 8H45 : ON VA ME FAIRE MAL AUX FESSES."
15H : DENSITOMÉTRIE OSSEUSE.
MEINE SKELETTEN
ON VA VOUS REPLIER LES JAMBES.
NAN ! C'EST PAS POSSIBLE !
ILS M'ONT INJECTÉ DE L'AIR DANS LE BIDE, CE MATIN !
OLIVIA ! PRÉVENEZ-LE : ÇA VA ÊTRE TERRIBLE !
PIÉDESTAL
"CHER JOURNAL, JE SUBIS UNE EXPLOSION."
ALOOORS... QU'EST-CE QU'IL NOUS RESTE ?...
DOUZE ANS DE TOP GUN, DOUZE !
J'AI JAMAIS AUTANT SOUFFERT, MON GARS !
jeudi : analyse de sang (3 litres) / vendredi : examen oreilles-nez-sinus / mardi : exploration ombilicale prostatique, IRM, ECG / mercredi : dentiste / jeudi : myélographie, arthropographie, angiographie / vendredi : examen des selles et du guidon
WTF!
et enfin : enterrement de votre dignité.

13 MAI 2009. NOUS N'ÉTIONS PLUS QUE DIX CANDIDATS EN LICE. TANDIS QUE L'ESA NE NOUS DONNAIT AUCUN SIGNE DE VIE, NOUS ÉTIONS RETOURNÉS À NOTRE QUOTIDIEN.

L'ANNONCE À LA PRESSE ÉTANT PRÉVUE LA SEMAINE SUIVANTE, JE PENSAIS QUE C'ÉTAIT GRILLÉ POUR MOI.

JE NE SERAIS JAMAIS ASTRONAUTE, LA LIMITE ÉTAIT BIEN THE SKY (ET À AIR FRANCE).

À CE STADE DE LA SÉLECTION, LE CHOIX DES SIX ÉLUS NE SE BASE PLUS SUR LEUR COMPÉTENCE – ON EST TOUS BONS –, MAIS SUR DES CRITÈRES POLITIQUES.

EN RÉALITÉ, ILS AVAIENT DÉJÀ CHOISI LEURS SIX ASTRONAUTES.
ÇA Y EST ! ON A NOS SIX LARRONS !
SUPER ! ON VA POUVOIR PRENDRE UNE DOUCHE !
MAIS AVANT.
JE LES APPELLE, ILS NE DOIVENT PLUS TENIR EN PLACE, LES PAUVRES.
STOP !
FAITES PAS ÇA !
PAS TOUT DE SUITE.
?
SOUVENEZ-VOUS : À PARTIR DES TESTS MÉDICAUX, ON A DÉCIDÉ DE NE PLUS COMMUNIQUER SUR LE NOMBRE DE CANDIDATS EN LICE.
ALORS QU'EST-CE QU'ILS ONT FAIT, NOS APPRENTIS ASTRONAUTES ? LES BOUGRES SE SONT REFILÉ LEURS ADRESSES E-MAIL PENDANT LES EXAMENS À L'HÔPITAL...
METS TON NOM, TON ADRESSE E-MAIL...
ET ON SE TIENT AU JUS.
NE ME PARLE PAS DE JUS, STEUPLÉ.
ET ILS ONT CRÉÉ CE QU'ILS ONT APPELÉ LA
Mailing list des 45
Mail 45
AINSI, DÈS QUE L'UN D'EUX APPRENAIT QU'IL ÉTAIT RECALÉ...
ALLÔ, THOMAS ? C'EST BILL.
C'EST FINI POUR MOI, JE SUIS RECALÉ.
POUR CAUSE DE "PIEDS PLATS".
SALAUDS !
IL PRÉVENAIT LES AUTRES POUR RÉACTUALISER LA LISTE.
I'M SORRY, BILL.
SAD
WE'LL MISS YOU !
BE STRONG
TAP TAP TAP
from: ThomPt@rocket.com
to: maillist45@bestguys.com
BILL IS OFF.
RIP, BILL :/
(HUGE SOUPIR)
HÉ M'SIEU, JE PEUX JOUER SUR LA FUSÉE ?
NAN
PASSE TON BAC +12 D'ABORD !

SI ON ANNONCE À L'UN D'EUX QU'IL EST SÉLECTIONNÉ...
LES AUTRES LE SAURONT TOUT DE SUITE...
ET LES JOURNALISTES AUSSI.
APRÈS, ILS ONT LES NOMS DES FINALISTES DEPUIS DES SEMAINES ET ILS N'ONT RIEN DIT À LA PRESSE.
ON N'EST PAS CENSÉS AVOIR SÉLECTIONNÉ DES GARS UN PEU SÉRIEUX, NON ?
ENFIN SI ON NE PEUT PAS SE FIER À EUX POUR ÇA...
MOI JE NE LEUR CONFIE PAS UNE FUSÉE !
BEN ON SAIT JAMAIS ! ALORS FAUT TROUVER UNE STRATÉGIE, EN ÉTANT PLUS MALINS QU'EUX !
...
L'ESPACE TU L'♥ OU TU LE QUITT
C'EST ÇA DE CHOISIR DES GARS INTELLIGENTS, COOPÉRATIFS...
ORGANISÉS.
ET ASTRINGENTS.
AVIONS AÉROPORTS ET
MICHAEL JORDAN - PENSÉES -
« PERDRE, C'EST PAS GRAVE, MAIS C'EST UN PEU CHIANT QUAND MÊME. »
PLAF !
TULU
OUAIS ?

VOUS VOULEZ TOUJOURS ÊTRE ASTRONAUTE ?
CRAC
ESA
TU ES L'ÉLU !
(ENFIN, L'UN DES SIX.)
J'SUIS PRIS !
JE SUIS PRIS
JE VAI ÊTR ASTRONAUTE !
Mickael Jordan
AMEN.
from: ThomPt@rocket.com
to: maillist45quisontplusque10@best.com
je ne dois rien dire,
mais JE SUIS PRIS !!!
:)) :p

TIM !
DES ASTRONAUTES !!
TOUCHEZ MA BOSSE
THOM
SAMANTHA !!
NOUS DÉCOUVRONS ENFIN LES SIX ASPIRANTS ASTRONAUTES SÉLECTIONNÉS PARMI 8 413 CANDIDATS
SAMANTHA CRISTOFORETTI, PILOTE DE CHASSE ITALIENNE.
LE BRITANNIQUE TIM PEAKE, PILOTE D'HÉLICOPTÈRE.
LE FRANÇAIS THOMAS PESQUET, INGÉNIEUR, PILOTE AIR FRANCE.
BICHON ! VIENS VOOOIR !
QUOI ?
Y A TON FILS QUI PASSE À LA TÉLÉ !
IL PARLE BIEN !
ALLÔ, CATHY ! REGARDE LA TÉLÉ, TF1 !
HONNEUR
CHANCE
FIERTÉ
EUROPE
HAN ! JE VAIS LUI ÉCRIRE !
TU-PAS-SES-À-LA-TÉ-LÉ
IL NE RÉPOND PAS !
IL EST PEUT-ÊTRE LÉGÈREMENT OCCUPÉ, LÀ.
HAN, JE SAIS ! JE VAIS ÉCRIRE À ANNE ! ELLE EST SUR PLACE !

ALEEEX!
LUCAAA!
ALEXANDER GERST, VOLCANOLOGUE ALLEMAND.
LUCA PARMITANO, PILOTE D'ESSAI DES FORCES AÉRIENNES ITALIENNES.
ANDREAS MOGENSEN, INGÉNIEUR AÉRONAUTIQUE DANOIS.
THOMAS! SI VOUPLAÎT-THOMAS-SI-VOUPLAÎT! THOM
QU'EST-CE QUE ÇA VOUS FAIT D'ÊTRE PRIS ?
POUET
MAMAN THOMAS : ON VOUS VOIT À LA TV !! C'EST LA FOLIE ON DIRAIT ((:P
ALEX!
TIM!
EH BIEN C'EST UN PEU FOU, IL Y A UNE HEURE, JE N'ÉTAIS PERSONNE ET LÀ IL Y A 300 JOURNALISTES QUI ME SAUTENT DESSUS.
TÂTE
NAN! PARTEZ PAS
ATTENDEZ!! J'AI PLEIN DE QUESTIONS! VOTRE SHAMPOOING C'EST QUOI ?
FOLIE ON DIRAIT ((:P
ANNE : LA FOLIE, C'EST LE MOT.
LUCAAA!
SAMANTHA!
TAP
TAP

ESA, PARIS.
CONGRATULATION PROM 2009
FÉLICITATIONS
JEUNESSE
RÊVE
FIERTÉ
TECHNOLOGIE
EUROPE
JOIE
COCORICO
ALCOOL
AVENIR
OÙ SONT NOS FEMMES ?
AUCUNE IDÉE !
DREAM
OH PUTAIN !
REGARDE LÀ !
BUZZ ALDRIN !!!
EXPLICATION
BUZZ ALDRIN EST LE DEUXIÈME HOMME À AVOIR POSÉ LE PIED SUR LA LUNE, APRÈS ARMSTRONG.
CHI-FOU-MI !
C'EST MOI QUI Y VAIS LE PREMIER !
NAAN !
MR ALDRIN...
SO PROUD
GRAND HONNEUR
ÉMOTION
GREAT MAN
SALUT, LES BLEU-BITES.
DITES-NOUS, COMMENT C'EST ?
ASTRONAUTE.
EH BIEN...

EH BIEN… C'EST PAS MAL.
ÇA CHANGE PAS MAL LES CHOSES, NE SERAIT-CE QU'AVEC LES FEMMES…
ASTRONAUTE
MAIS… EST-CE QUE VOUS AURIEZ DES CONSEILS À NOUS DONNER ?
D'ASTRONAUTE À ASTRONAUTE ?
OUAIS. SOYEZ PATIENTS.
??
?
C'EST UN TRUC QU'ON DIT JAMAIS ASSEZ.
VOUS ALLEZ VOUS ENTRAÎNER DES ANNÉES COMME DES CHACALS SANS SAVOIR QUAND VOUS SEREZ AFFECTÉS. NI TROP POURQUOI.
TAC TAC TAC
PAS ASSEZ RUSSE
TROP VIEUX
CONFLIT DIPLOMATIQUE
MALADE
PAS PILOTE
PROBLÈME DE BUDGET
MAUVAISE MÉTÉO
TANT QUE LES RÉACTEURS NE CRAMENT PAS SOUS VOS FESSES, VOUS N'ÊTES JAMAIS CERTAINS DE PARTIR.
VOYEZ, LUI ?
C'EST PATRICK BAUDRY.
IL VOLAIT SUR LA NAVETTE SPATIALE.
READY, TOUT LE MONDE ?!
YEAH !
HOLY COW, YES !
YOUHOU !
C'EST SUPER LA NAVETTE, BELLE BÊTE. MAIS FRAGILE.
PLIC !
FALLAIT PAS GRAND-CHOSE POUR QU'UN DÉCOLLAGE SOIT REPORTÉ.
SORRY GUYS, ON ANNULE !
??
?!
?
OR LA MISSION DE BAUDRY L'A ÉTÉ TREIZE FOIS !
DÉSOLÉ, MAIS IL "CRACHINAIT".
TREIZE FAUX DÉPARTS, LES GARS ! TREIZE !!!
HEUREUSEMENT QU'ON N'A PAS EU DE LAVEMENT À CHAQUE FOIS !

LES LAVEMENTS ?
COMMENT ÇA, DES LAVEMENTS ?
AH OUI. ON VOUS A PAS ENCORE MIS AU COURANT.
LES LAVEMENTS, C'EST POUR ÊTRE PEINARD APRÈS LE DÉCOLLAGE.
ÇA VAAA ! C'EST PAS DES HISTOIRES DE LAVEMENT ET DE COUCHE CULOTTE QUI VONT ARRÊTER UN ASTRONAUTE !!
ON EST AU-DESSUS DE ÇA, OK ?
UNE COUCHE ?
LAISSE TOMBER !
OUAIS. BREF. J'EN ÉTAIS OÙ ?
LA PATIENCE !
VOUS IMAGINEZ UN MÉDECIN QUI PASSE DES ANNÉES À SE FORMER ET NE SAIT PAS QUAND IL AURA DROIT DE SOIGNER DES GENS ?
LAISSEZ-MOI SAUVER CET ENFANT !
JE SAIS FAIRE !!!
RAAAA
C'EST CE QUE VIT L'ASTRONAUTE. SES COMPÉTENCES PASSERONT APRÈS DES CHOIX POLITIQUES.
DÉSOLÉ, LES USA ONT PAYÉ LE DÉFIBRILLATEUR, ALORS ON PRÉFÉRERAIT UN MÉDECIN AMÉRICAIN.
OU RUSSE.
PARCE QUE L'AMBULANCE EST RUSSE.
ET MÊME APRÈS AVOIR VOLÉ, VOUS N'ÊTES JAMAIS SÛR DE REPARTIR.
OR ON VEUT TOUS REPARTIR.
DONC FAUT PAS SE LAISSER ABATTRE, LES JEUNES !
SLURP
HO !
UN AUTRE CONSEIL !
RESPECTEZ TOUJOURS LES ANCIENS !
COMME VOUS, QUOI.
OUAIS, VOILÀ.

– Est-ce que j'ai envie de me lever
et de bosser quatorze heures par jour ? Oui.

THOMAS PESQUET

ÉTÉ 2009 - CENTRE D'ENTRAÎNEMENT DES ASTRONAUTES - COLOGNE.
SALUT, LUCA !
SALUT !
LA PÊCHE ?
esa
European Astronaut Center.
J'SUIS À FOND, THOMAS !
J'AI TELLEMENT HÂTE DE COMMENCER LES ENTRAÎNEMENTS ! J'ESPÈRE QUE ÇA VA...
... DÉPOTER
GUTEN TAAG !
?
?
VIEUX
JE SUIS HERR MANNER, VOTRE PROF DE MÉCANIQUE ORBITALE.
MFF
ET EN TANT QUE PROF PRINCIPAL, JE VAIS VOUS DONNER DE SUITE VOTRE PLANNING D'ENTRAÎNEMENT DIT "DE BASE".
VOUS ALLEZ VOIR, ÇA VA ÊTRE PAS-SION-NANT !
TAC TAC TAC
CRAC
ALORS...
ATTENDEZ...
J'OUVRE MON POWÈRE-POUINTE...
S'IL VEUT BIEN.
YAAA
YAA
AAAA
YAA
YAPAA !
YAAA

AH VOILÀ !
AAAAM !
EH BEN EN FAIT, ÇA DEVRAIT UN PEU VOUS RAPPELER LE COLLÈGE...
BASIC TRAINING
LUNDI MARDI MERCREDI JEUDI VENDREDI
ÉLECTRICITÉ SPATIALE
INGÉNIERIE SPATIALE
SPORT
CALCULER DES TRAJECTOIRES BALÈZES
CALCUL DE POUSSÉES
ORBITOGRAPHIE
VISSER DANS L'ESPACE
SPORT
MÉDECINE SPATIALE
LÉGISLATION SPATIALE
PLOMBERIE SPATIALE
DÉMONTER DES TRUCS
PERM
DÉVISSER DES TRUCS
SUDOKU
RÉPARER DES TRUCS SPATIAUX
INFORMATIQUE
PERM
INTERRO
BON LA 1RE ANNÉE, C'EST PAS MAL DE THÉORIE, ON NE VA PAS SE MENTIR.
MAIS COMME VOUS DÉCOLLEREZ DEPUIS UNE FUSÉE RUSSE...
UN MOIS SUR DEUX VOUS AUREZ...
DES COURS EN SIMULATEUR ?
UN STAGE DE SURVIE ?
LE GOULAG ?
NAN !
DES COURS INTENSIFS DE RUSSE !
À BOCHUM (PRONONCEZ "BORRUM"), EN ALLEMAGNE !
BORRUM
KEUF ! KEUF !
MON PRÉCIEUX
BOCHUM
COLOGNE

"C'EST PRATIQUE, CE N'EST QU'À 1H30 DE ROUTE DE COLOGNE !"
KÖLN ←5 KM
"C'EST VRAIMENT SYM-PA !"
WILKOMMEN IN BOCHUM
CROA CROAA!
"HO, J'Y PENSE ! SI VOUS AVEZ LE TEMPS, VISITEZ LE MUSÉE DES MINES ! FABULEUX !"
HA! HA!
C'EST BALLOT, J'AI PAS LE TEMPS.
"C'EST UNE VILLE UNIVERSITAIRE VACHEMENT DYNAMIQUE !"
WIKIPEDIA : BOCHUM
Grand pôle universitaire au plus fort taux de suicide chez les jeunes Allemands. Mais c'est un tantinet agréable quand vous tombez sur les trois jours annuels sans pluie.
CRRAC
"LES COURS DE RUSSE Y SONT EXCELLENTS."
TOI LE GRAND, AU TABLEAU !
DAS RUSSICH ALPHABET
"VOUS ALLEZ ADORER RETOURNER À L'UNIVERSITÉ !"
NIET !
MÊME AU-DELÀ DE LA STRATOSPHÈRE, JE TE MAUDIRAI, VIEILLE PEAU !
PUTIN VS OURS

"ET LE MOIS SUIVANT, VOUS REVIENDREZ À COLOGNE."
NE SAUTE PAS, HANS !
TU NE M'EMPÊCHERAS PAS, GUNTER.
DOUM ! DOUM ! DOUM !
"POUR LA SUITE DES ENTRAÎNEMENTS THÉORIQUES."
ÇA ENREGISTRE ?
OUI, ALLEZ-Y.
J'ENTRAÎNE, AVEC MES COLLÈGUES, UN CHEPTEL DE SIX ASTRONAUTES.
TRAINING ROOM
NOTRE BUT : QU'ILS CONNAISSENT LA STATION SPATIALE SUR LE BOUT DES DOIGTS.
LE MOINDRE PANNEAU SOLAIRE, LE MOINDRE MODULE, LES SYSTÈMES ÉLECTRONIQUES...
CHAQUE ROBINET, HUBLOT, TOUT !
PENDANT UN AN ET DEMI, ILS VONT INGÉRER DES TONNES D'INFOS TECHNIQUES ET DE PROCÉDURES...
HOW A SPACE STATION WORKS ?
Step 1: check VR2
Step 2: BRS on air lock pressure 12,02 and push D3 in a VR-1 and turn RD
SPACE BRICOLAGE
RÉPARE ISS
escalope panée
step 1: cut l'escalope (EP)
step 2: put the fork into the EP
fork
escalope type 2-M2
knife
step 3: open the mouth, put EP in it.
CANTINE

... DES MONTAGNES DE POWERPOINT, POUR PASSER EN REVUE DES MILLIERS DE PANNES POSSIBLES...
SLIDE 453.
ASTRONAUTE ASPIRÉ PAR LES W-C
A/ je prends une photo, je tweete.
B/ je le récupère dans le sanibroyeur.
C/ je démonte tout.
DES PLÂTRÉES DE MANUELS DE MONTAGE TRUFFÉS DE PIÈGES PRÉPARÉS PAR DES PROS !
LÀ CE SERAIT BIEN QUE TU INDIQUES QU'IL Y A UN TROU POUR LA VIS...
ALORS QU'EN FAIT, NON.
IKEA
AH OUAIS, SUPER !
S'ILS ONT UN PROBLÈME DANS LEUR VAISSEAU, AUCUN PLOMBIER OU MÉDECIN NE VIENDRA LES AIDER... VOYEZ ?
C'EST COMME SI À VOTRE BOULOT, EN PLUS DE FAIRE VOTRE JOB HABITUEL, VOUS DEVIEZ ÊTRE AUSSI CAPABLE DE TOUT RÉPARER SANS AIDE EXTÉRIEURE...
LÉO, STAGIAIRE DE 3E.
SYLVAIN, COMMERCIAL.
TU NE BOUGES PAS.
ROGER, LE D.A.
CHRISTINE DE LA COMPTA.
CORINNE, JURISTE.
JEAN, P-DG.
FINI !
J'AI INCLINÉ LES PANNEAUX SOLAIRES, EN SUPPOSANT LA POSITION DE L'ISS À 14H00 GMT.
ÇA J'AIME ! J'AIME LES FAYOTS DOUBLÉS D'UNE BONNE GROSSE TÊTE SUR PATTES !

BOCHUM
BOCHUM UNIVERSITÄT
YOURI GAGARINE EST NOTRE HÉROS. LONGUE VIE AU KAMARADE YOURI !
"FAIRE ACCEPTER À SON CONJOINT QU'IL SERA SEUL LES QUATRE PROCHAINES ANNÉES."
LARMES
ELECTRICITY IN SPACE
PLOMBERIE SPATIALE
RÉPARER SOUS VIDE
ORBITE ET CRUSTACÉS
PASSION DU RISQUE
ISS PLAN
CHUM UNIVERSITÄT KERMESSE
ET LES LARMES DES KAMARADES COULERONT DANS LES CHAMPS ET DANS LES YEUX CREVÉS
"IMPROVISER UNE AMPUTATION EN IMPESANTEUR"
GUIDE VERT
ASTRONAUTE
PLAISIR DE SOUFFRIR, JOIE DE NE PAS DÉCEVOIR
"La douleur n'est qu'une information."
J. Scotty
BOCHUM UNIVERSITÄT
KLASSE DE RUSSE
LES VIEUX... EUH...
J'VEUX DIRE LES GRANDS
SERREZ-VOUS UN PEU PLUS.

COLOGNE
DONC ON SE REVOIT LE WEEK-END DU 12 ?
NAN. PEUX PAS, JE SERAI À HOUSTON.
USA.
ANGELA
ET LE 19 ?
AH BEN NON, JE SERAI EN RUSSIE.
DÉMÉNAGEURS GERMANO-BRETONS
LE 26 ?
JAPON…
SHLING
SCHR
SCHRRR
esa
esa
esa
LE 8 ALORS ?
JE SERAI AU CANADA…
PLANNING
L'ÉQUIPE
C'EST PLUS UN ENTRAÎNEMENT TON TRUC, C'EST UNE TOURNÉE DE U2.
ÉCOLE D'INGÉ
PASTIS À VOLONTÉ
SUPA
HERO
ET LA SEMAINE DU 15 ?
LE 15, C'EST MOI QUI BOUGE POUR LE BOULOT.
ROCKET
C'EST CHIANT HEIN ?
HAA !
C'EST QUI, LUI ?
C'EST BUZZ ALDRIN, FAUT LE RESPECTER.
AAAH
OUAIS

BUZZ A RAISON, ON VA ENTRER DANS UNE PÉRIODE UN PEU PÉNIBLE POUR NOTRE COUPLE.
J'AI PAS DIT PÉNIBLE, J'AI DIT CHIANT
BEAUCOUP PENSENT QU'UNE FOIS SÉLECTIONNÉS, NOUS LES ASTRONAUTES, MÊME EUROPÉENS, DÉMÉNAGEONS AVEC TOUTE LA FAMILLE AUX STATES, POUR NOUS ENTRAÎNER.
Welcome dude
HEY !
WELCOME TO ASTROVILLE
NASA
HI GUYS !
ET QU'ON PART BOSSER TOUS LES JOURS AVEC NOS COLLÈGUES ASTRONAUTES À LA NASA...
PAM
PAF !
PAM
Heeeey ! La porte !
CHHRR
VVROUM
MAIS ÇA S'FAIT PAS !
PARCE QUE LES ASTRONAUTES DÉCOLLENT FORCÉMENT AVEC LA NAVETTE DEPUIS LES USA.
PREMS D'ABORD !
NASA
PREMS AUSSI !
YOUHOU ! PREMS !
ÇA, C'ÉTAIT DU TEMPS DE BUZZ.
OUAIS.
J'ALLAIS PAS EN RUSSIE, MOI.
PLUTÔT CREVER !
RRR
RRTEU !
HEEEY ! MA VALISE !
AH OUI, C'EST VRAI QUE MAINTENANT, TOUT LE MONDE EST "AMI".
PAS TOUT LE MONDE.

LA STATION EST INTERNATIONALE, DONC QUAND VOUS BOSSEZ DEDANS, VOUS UTILISEZ DU MATÉRIEL DE DIFFÉRENTS PAYS.
HOUSTON, J'AI CASSÉ UN BOULON DES W-C !
RU
RU
U.S
US
US
E-U
US
JAP
CE SONT LES W-C RUSSES.
VOIS ÇA AVEC EUX.
L'ASTRONAUTE DOIT DONC LONGUEMENT S'ENTRAÎNER DANS CHACUNE DES AGENCES POUR APPRENDRE À UTILISER, RÉPARER OU ASSEMBLER LEUR ÉQUIPEMENT.
NOUS, ON UTILISE DES BOULONS "À TÊTE DE YOURI".
LES BOULONS DE LA STATION
RU
US
UE
DANS LES MODULES US, C'EST LE BOULON "DONUT".
TRÈS DIFFÉRENT DU MODÈLE "BROCOLIS" QU'ON TROUVE CHEZ LES EUROPÉENS.
ET ÇA SE FAIT EN PLUSIEURS COURS, SUR PLUSIEURS ANNÉES, POUR TOUT SAVOIR PAR CŒUR.
LES RUSSES ONT DÛ VOUS PARLER DE LA SUBTILITY DES BOULONS...
MAINTENANT, ON VA VOIR "THE TUYAUX".
US
RUSSIE
UE
JAP
ÇA SE COMPLIQUE.
À CE STADE, L'ASTRONAUTE A DONC BESOIN D'UN PLANNING-MANAGER, UN GARS DONT LE JOB EST DE S'OCCUPER DE SON AGENDA SUR DES ANNÉES ET SUR CINQ CONTINENTS.
TIME IS MONEY
MONEY IS LOVE
TIME IS LOVE
ASHTON, PLANNING-MANAGER DE THOMAS
DAAADYY...
JE M'ENNUIIIIE...
JE SUIS À TOI DANS 4 MINUTES 34, PORKY...
ET J'AURAI 13 MINUTES 56 À TE CONSACRER.
TU VOIS PORKY, COMME LA STATION SPATIALE EST INTERNATIONALE, LE TEMPS D'ENTRAÎNEMENT D'UN ASTRONAUTE DANS UN PAYS EST CALCULÉ AU PRORATA DE LA PARTICIPATION FINANCIÈRE DE CE PAYS.
JE COMPRENDS RIIIIEN !
EXEMPLE : L'EUROPE FINANCE À HAUTEUR DE 10% LA STATION. DONC THOMAS FERA 10% DE SON TEMPS D'ENTRAÎNEMENT EN EUROPE.
C'EST COMME SI PAPA PASSAIT 20% DE SON TEMPS AVEC TOI PARCE QU'IL DONNE 20% DE SES REVENUS EN PENSION ALIMENTAIRE À MAMAN.
MAIS C'EST IMPOSSIBLE.
CAR LA VIE N'EST PAS UNE AGENCE SPATIALE.
RÉSULTAT, UN PLANNING D'ASTRONAUTE, ÇA RESSEMBLE À ÇA :
TES SIX PROCHAINS MOIS DE "FORMATION AVANCÉE".
2010
SEPT
OCT
NOV
6 13 20 27 4 11 18 25 1 6 15 22
RUSSIE
EUROPE
USA
JAPON
CANADA
JE NE SAIS PAS QUAND JE POURRAI FAIRE MES CADEAUX DE NOËL.
TU VAS PASSER EXACTEMENT 52 HEURES ET 45 MINUTES DANS LES DUTY FREE D'AÉROPORTS.
ÇA VA, T'ES LARGE !

POUR ALLER DANS L'ESPACE (ET EN REVENIR), IL Y AVAIT DEUX OPTIONS. SOIT LE HUMMER SPATIAL :

SOIT LA CAPSULE RUSSE SOYOUZ QUI, À CÔTÉ DE LA NAVETTE FAIT UN PEU "TRABANT DE L'ESPACE".

SEULEMENT VOILÀ, LA NAVETTE ÉTAIT FRAGILE, PAS ASSEZ FIABLE.

ET FRANCHEMENT, PAS RENTABLE.

LES AMÉRICAINS DÉCIDÈRENT DONC D'ARRÊTER LES NAVETTES EN 2011. SEULEMENT VOILÀ, SANS ELLES, COMMENT CONTINUER À ENVOYER DES ASTRONAUTES AMÉRICAINS DANS L'ESPACE ?

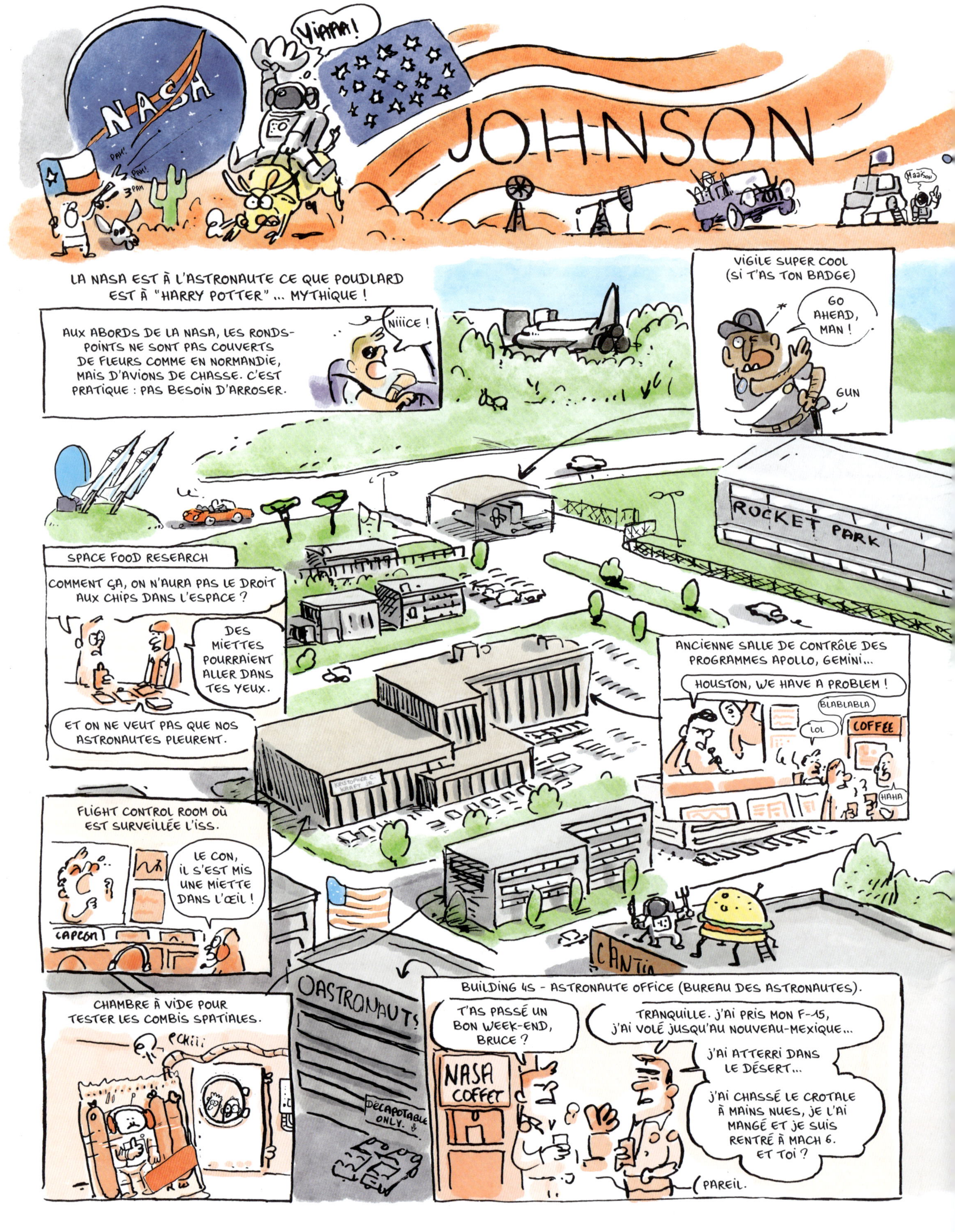

NASA
YIAPA !
JOHNSON
LA NASA EST À L'ASTRONAUTE CE QUE POUDLARD EST À "HARRY POTTER"... MYTHIQUE !
AUX ABORDS DE LA NASA, LES RONDS-POINTS NE SONT PAS COUVERTS DE FLEURS COMME EN NORMANDIE, MAIS D'AVIONS DE CHASSE. C'EST PRATIQUE : PAS BESOIN D'ARROSER.
NIIICE !
VIGILE SUPER COOL (SI T'AS TON BADGE)
GO AHEAD, MAN !
GUN
ROCKET PARK
SPACE FOOD RESEARCH
COMMENT ÇA, ON N'AURA PAS LE DROIT AUX CHIPS DANS L'ESPACE ?
DES MIETTES POURRAIENT ALLER DANS TES YEUX.
ET ON NE VEUT PAS QUE NOS ASTRONAUTES PLEURENT.
ANCIENNE SALLE DE CONTRÔLE DES PROGRAMMES APOLLO, GEMINI...
HOUSTON, WE HAVE A PROBLEM !
BLABLABLA
LOL
COFFEE
HAHA
FLIGHT CONTROL ROOM OÙ EST SURVEILLÉE L'ISS.
LE CON, IL S'EST MIS UNE MIETTE DANS L'ŒIL !
CAPCOM
CANTI
CHAMBRE À VIDE POUR TESTER LES COMBIS SPATIALES.
PCHIII
ASTRONAUTS
DÉCAPOTABLE ONLY.
BUILDING 4S - ASTRONAUTE OFFICE (BUREAU DES ASTRONAUTES).
T'AS PASSÉ UN BON WEEK-END, BRUCE ?
NASA COFFEE
TRANQUILLE. J'AI PRIS MON F-15, J'AI VOLÉ JUSQU'AU NOUVEAU-MEXIQUE...
J'AI ATTERRI DANS LE DÉSERT...
J'AI CHASSÉ LE CROTALE À MAINS NUES, JE L'AI MANGÉ ET JE SUIS RENTRÉ À MACH 6. ET TOI ?
PAREIL.

SPACE CENTER
FAIL IS NOT AN OPTION
ROCKET PARK : DANS CE HANGAR SE TROUVE UNE FUSÉE SATURN V, GRANDEUR NATURE. LE MONSTRE QUI A ENVOYÉ DES HOMMES SUR LA LUNE, DONT BUZZ ALDRIN.
OUAIS !
ON N'ÉTAIT PAS LÀ POUR CONDUIRE DES PÉTROLETTES !
SOLEIL TEXAN QUI N'AIME PAS LES GENS.
SITE SURVEILLÉ PAR LE SWAT, SORTE DE GIGN. SI T'ES UN PIGEON, QUE TU RESSEMBLES TROP À UN DRONE ET QUE TU SURVOLES LA NASA, OU SI T'AS PAS TON BAGDE, T'ES MORT.
LES ASTRONAUTES SONT DES FIOTTES.
TOUT LE MONDE EST UNE FIOTTE.
SAUF L'AMÉRIQUE.
ET DIEU !
OUAIS..
CLOSER TO MARS
MODULES DE LA STATION
BUILDING 9 - GARAGE FOURRE-TOUT DE LA NASA, AVEC MAQUETTES DE LA STATION. ON Y TROUVE AUSSI DES ROVERS MARTIENS, DES PROTOTYPES ET DE VIEUX INSTRUCTEURS QUI FONT PARTIE DES MURS DEPUIS 1961.
HA HA !
HAAA, ARMSTRONG, QUEL DÉCONNEUR ! ON SE MARRAIT BIEN AVEC LUI !

LE MATIN, QUAND J'ARRIVE AU BOULOT SUR LES COUPS DE 7H45-8H, APRÈS UN PETIT FOOTING DE 42 KILOMÈTRES...

RIEN DE TEL, POUR SE BOOSTER ENCORE PLUS, QUE D'ALLER AU ROCKET PARK ET SE RECUEILLIR DEVANT UNE FUSÉE.

FACE À CETTE ÉNORME FUSÉE, QUI EST FINALEMENT UN MISSILE GÉANT, IL Y A DEUX TYPES DE RÉACTIONS...

CEUX QUI DISENT :

MAIS PENSENT :

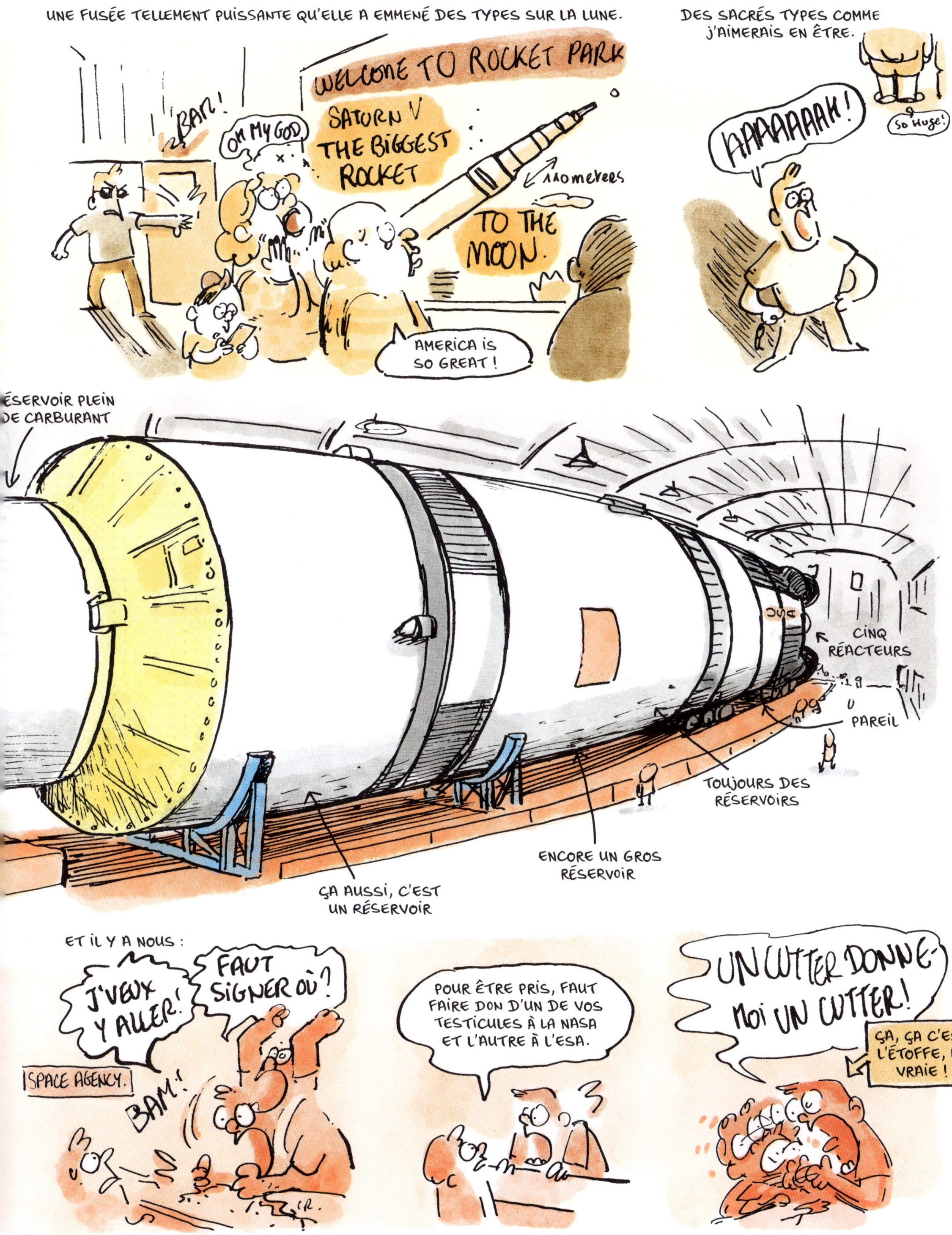
UNE FUSÉE TELLEMENT PUISSANTE QU'ELLE A EMMENÉ DES TYPES SUR LA LUNE.
WELCOME TO ROCKET PARK
BAM!
OH MY GOD
SATURN V THE BIGGEST ROCKET
110 meters
TO THE MOON.
AMERICA IS SO GREAT!
DES SACRÉS TYPES COMME J'AIMERAIS EN ÊTRE.
AAAAAAAH!
So Huge!
ÉSERVOIR PLEIN DE CARBURANT
CINQ RÉACTEURS
PAREIL
TOUJOURS DES RÉSERVOIRS
ENCORE UN GROS RÉSERVOIR
ÇA AUSSI, C'EST UN RÉSERVOIR
ET IL Y A NOUS :
J'VEUX Y ALLER!
FAUT SIGNER OÙ?
SPACE AGENCY.
BAM!
POUR ÊTRE PRIS, FAUT FAIRE DON D'UN DE VOS TESTICULES À LA NASA ET L'AUTRE À L'ESA.
UN CUTTER DONNE-MOI UN CUTTER!
ÇA, ÇA C'EST L'ÉTOFFE, LA VRAIE!

AAAH ! QUELLE INSPIRATION. FRANCHEMENT, À 7H59 J'AI SUPER ENVIE D'ALLER BOSSER !
NASA
YEAHA
MAIS JE BOSSE JAMAIS TOUT SEUL, SAUF CHEZ MOI. LA JOURNÉE, JE TRAVAILLE AVEC DES DIZAINES DE PERSONNES.
ANNA, FORMATRICE "INCENDIE".
JEAN-BOB, EXPERT "PROPULSION SPATIALE".
KATE, EXPERTE ALIMENTATION SPATIALE.
JOSH, ATTACHÉ PRESSE NASA.
HEY !
HI !
HEY !
YO !
SEE YOU !
THOMAS ! ATTENDS !
KEVIN, MON MÉDECIN À LA NASA.
ÇA VA ?
SUPER !
TU RESPIRES BIEN ?
OUAIS
PALPITATIONS ?
NAN
ASYSTOLIE ?
PFF !
DONNE-MOI UN TRUC À ME METTRE SOUS LA DENT !
ONGLE INCARNÉ ?
SORRY, KEV' !
QUEL ENFER CES MECS, SONT TOUJOURS EN FORME.
ROGER, EXPERT MODULE.
HEY !
BERNIE, COACH SPORTIF.
MOOUUMOU.
PARKING ASTRONAUTS COSMONAUTS ONLY
TOUT DOUX !
BRAA
AH OK J'VOIS L'GENRE. LE MEC, IL SE LOUE CARRÉMENT UNE CAMARO DÉCAPOTABLE.
JE SUIS ASTRONAUTE, SI JE PEUX PAS UN PEU ME LA PÉTER QUAND JE SUIS À LA NASA...
CLAC.
FIAT
J'VOIS PAS L'INTÉRÊT...
JE VEUX UN ENTRAÎNEMENT QUI DÉFONCE TOUT !
J'AI UNE DE CES PÊCHES !
MOI AUSSI.
D'AILLEURS J'AI COURU 42 KM CE MATIN.
MOI, 43
MOI, EN 1H42
MOI, EN 1H41
J'AVAIS UN DÉNIVELÉ DE 6 KM

HI GUYS ! MY NAME IS SCOTT !
JE SUIS VOTRE ENTRAÎNEUR EN HYGIÈNE.
HI SCOTT !
HELLO !
DON'T FEED THE ASTRONAUTS
NASA
Johnson Space Center
6/4/2016 81°F
3:20 pm 27°C
VOUS LAVER EN IMPESANTEUR…
OU VOUS COUPER LES ONGLES SANS EN METTRE DANS L'ŒIL D'UN COLLÈGUE, C'EST MOI QUI VAIS VOUS L'APPRENDRE.
HA !
COME ON !
POSITIONAL TRAINER
"SIT DOWN ON TRAINER SEAT AND SPREAD BUTTOCKS"
SO.
ON VA COMMENCER PAR LE US ISS WASTE COLLECTOR SYSTEM (WCS).
YOUR BUTT
OUR JOB
QUE VOICI.
C'EST QUOI ? UNE MACHINE À LAVER ?
NO.
CE SONT DES TOILETTES SPATIALES.
TAP TAP
POUR INFORMATION, VOUS NE FEREZ PAS DE LESSIVE LÀ-HAUT. ON NE PEUT PAS.
UN T-SHIRT VOUS DURE DEUX SEMAINES LÀ-HAUT. AH MAIS FAUT PAS CROIRE, ON A PLANCHÉ SUR LE TRUC !

ON A CALCULÉ QUE TROIS ANS DE VOYAGE POUR MARS, ÇA REPRÉSENTE TOUT DE MÊME 650 KG DE LINGE SALE.
"JOURNAL DE BORD, JOUR 353..."
"LA TENSION EST PALPABLE..."
"L'ÉQUIPAGE EST MIS À RUDE ÉPREUVE..."
GRAVITY SUCKS
ON A PENSÉ À UN MOMENT À FAIRE DES VÊTEMENTS MANGEABLES APRÈS USAGE...
... "NOUS AVONS ENTAMÉ LES SOUS-VÊTEMENTS DU COMMANDANT KROUSTOV."
C'EST PAS BON
HA! HA!
YUMI !
BREF !
JE M'ÉGARE.
BON, SUR LES DEUX W-C, CELUI DE GAUCHE EST FONCTIONNEL, IL MARCHE COMME DANS LA STATION.
EN REVANCHE, CELUI DE DROITE... IL EST FAIT POUR APPRENDRE À SE POSITIONNER.
TAP TAP
POURQUOI ?
FAUT PAS FAIRE DEDANS.
PARCE QU'IL Y A UNE CAMÉRA DANS LE TROU.
WAIT !
?
Alléluia
CLIC
ET ICI VOUS AVEZ LE RETOUR VIDÉO, POUR VOIR SI VOUS... SI VOUS ÊTES BIEN ALIGNÉS.
?
NAAAN
TAP ! TAP !
CLIC
HA HA !
ENFIN QUAND JE DIS "VOUS"... JE PARLE DE... DE VOTRE ANUS.
MOI QUI PENSAIS QUE C'ÉTAIENT DES GENS SÉRIEUX À LA NASA...
MAIS C'EST TRÈS SÉRIEUX, LES GARS !
HÉ ! JE VOIS TON CUL !
C'EST MA TÊTE, ANDOUILLE.
J'AI CONFONDU.
HA ! HA ! HA !
HA ! HA !

DONC JE PEUX VENIR ICI, M'ENFERMER ET M'ENTRAÎNER À VISER ?
VOILÀ, QUAND TU VEUX.
I WANT TO BELIEVE
MAIS RASSUREZ-MOI : VOUS NE VOUS RASSEMBLEZ PAS DANS UNE PIÈCE À CÔTÉ, POUR MATER CE QUE FILME LA CAMÉRA DE LA CUVETTE, HEIN ?
NOOO !
FAIS PAAS ÇA, NAAAN !
IL SE RÉALIGNE ! YEAH !!
YOUHOU !
NO !
MA-MA-
NO
ODD FRENCH
OK GUYS !
JE VAIS VOUS EXPLIQUER POURQUOI C'EST IMPORTANT, CETTE HISTOIRE D'ALIGNEMENT.
SUR TERRE, LE TROU DES W-C FAIT ENVIRON 21 CM DE DIAMÈTRE, C'EST ÉNORME.
Kim Kardashian
21 cm
ALORS QUE CELUI DES W-C SPATIAUX N'EN FAIT QUE 10 !
10 cm
AUTANT FAIRE DANS UN MUG !
EN PLUS, SUR TERRE, C'EST FACILE : POUR LA COMMISSION SOLIDE, IL SUFFIT DE S'ASSEOIR.
12 CM.
Biiiiip ! Biiiip ! Biiip !
10... 9 CM.
ON "VISE" AU TOUCHER.
BiBibibip BiBiBip Bipbip
1 CM...
ZÉRO !
DOCKING !
MAIS DANS L'ESPACE, ON NE S'ASSOIT PAS, ON PLANE, ON BOUGE.
OK HOUSTON !
DOCKING 20 CM.
CORRECTION DU CAP DE 12°.
12 CM.
10 !
LE MOINDRE TRUC QUI PART DANS LE MAUVAIS SENS RICOCHE SANS FIN (AUSSI BIEN L'ASTRONAUTE QUE CE QU'IL EST VENU DÉPOSER).
MAYDAY ! MAYDAY ! PERTE DE TRAJECTOIRE !
POF
BONG
BOOONG !

YEAH !
HMM...
C'EST LÀ QUE ÇA SE COMPLIQUE...
VAS-Y SCOTTY, CE SONT DES GENS INTELLIGENTS...
SUR TERRE, LA GRAVITÉ NOUS AIDE À "CASSER" NOS EXCRÉMENTS.
OK
VAS-Y, DÉVELOPPE.
"MAIS SIII, VOUS SAVEZ... VOUS ALLEZ AUX TOILETTES ET C'EST FASTOCHE. ENFIN, SUFFIT DE POUSSER UN PEU, VOYEZ..."
WARNING! IT'S A MÉTAPHORE!
I ♡ CHOCO EN TUBE.
CRÊPE
"UNE PETITE IMPULSION, PUIS LA GRAVITÉ FAIT LE RESTE, ELLE AIDE À LA SÉPARATION ENTRE VOUS ET VOUS-SAVEZ-QUOI..."
PLUS RIEN À FAIRE
GRAVITÉ
0,05 CALORIE
PASSIVITÉ
SIMPLICITÉ
SÉPARATION
GRAVITÉ
"TANDIS QUE DANS L'ESPACE, IL N'Y A PLUS DE GRAVITÉ... ALORS NON SEULEMENT LES MATIÈRES RESTENT COLLÉES À LEUR CONTENANT, MAIS ELLES ONT TENDANCE À S'INCURVER (PLUS OU MOINS EN FONCTION DE LEUR COMPOSITION)."
EAU (PAS DENSE)
12°
60°
180°
DENTIFRICE (DENSITÉ +)
PÂTÉE (DENSITÉ ++)
...
...
DONC...
DONC ÇA VA NOUS FAIRE COMME UNE PETITE QUEUE ?
EUH...

DONC C'EST SURTOUT POUR ÇA QU'IL FAUT S'ENTRAÎNER À BIEN VISER.
ON EST SYMPAS, POUR AIDER À LA SÉPARATION, ON A MIS UN P'TIT SYSTÈME D'ASPIRATION...
CLIC
AH ! FAUT AUSSI QUE JE VOUS PARLE DES RÉTROVISEURS...
BRRRR
CLIC
LES RÉTROVISEURS...
VAS-Y, SCOTT, LÂCHE LE MORCEAU.
ON EST PRÊTS À TOUT ENTENDRE.
AU POINT OÙ ON EN EST...
EH BIEN... MÊME SI VOUS VISEZ BIEN, IL PEUT Y AVOIR DES "ÉCHAPPÉS".
COME ON BILLY !
BRRRR
EASY.
?
ENTRE NOUS, ON APPELLE ÇA LE "FECAL POP-CORN".
YIIHA!
FREE!!
POP
POP.
DANS CE CAS, VOUS LES ASPIREZ AVEC CE TUBE, C'EST LE SYSTÈME DE RÉCOLTE D'URINE...
BOUMOU
PARCE QUE SI VOUS LAISSEZ CE TRUC VOLER, VOUS POUVEZ L'AVALER OU AUTRE !
ÇA VA LÀ-HAUT ? TU... T'AS QUOI À L'ŒIL, BICHON ?
ISS
C'EST RIEN... UNE MIETTE DE POP-CORN...

TU FAIS CONFIANCE À LA NASA, N'EST-CE PAS ?
SPACE WC
OUI...
BON.
JE VOUS LAISSE VOUS ENTRAÎNER.
JE REVIENS DANS 40 MINUTES. VISEZ BIEN, LES GARS !
AVANT DE PARTIR...
... JE VOUS DONNE DEUX-TROIS PETITS MANUELS TECHNIQUES QUI RÉSUMENT UN PEU LE COURS.
SPACE WC
"JE VOUS LAISSE POTASSER TOUT ÇA."
"... PARCE QUE PENDANT TOUTE LA SEMAINE, ON DÉMONTE ET ON REMONTE TOUT."
"ON VIDE, DÉBOUCHE, NETTOIE, RÉPARE ET ON VOIT TOUTES LES PANNES QUI POURRAIENT ARRIVER LÀ-HAUT."
VIDER DES WC
ON SE REVOIT DANS UN MOIS POUR LE TRAINING EN HYGIÈNE INTIME EN IMPESANTEUR.
SUPER, SCOTT, ON A HÂTE !
ME TOO ! SEE YOU SOON, GUYS !
HOUST
AIRPORT
C'ÉTAIT COOL, HEIN ?
OUAIS, J'ADORE SCOTT.
IL EST PASSIONNANT !
DUTY FREE
POP CORN
BON APRÈS IL CHIPOTE UN PEU SUR CERTAINS POINTS.
OUAIS.
SACRÉ SCOTTY !

LES ENTRAÎNEMENTS SE SUCCÈDENT, QUI AUX USA, QUI EN ALLEMAGNE, QUI EN RUSSIE, PARFOIS TOUT SEUL, PARFOIS AVEC LES COPAINS DE PROMO...
МОСКВА·ШЕРЕМЕТЬЕВО.*
* AÉROPORT DE MOSCOU
ТЕРМИНАЛ F
CHANEL
PRIVIET, LES JEUNES !
ESA ASTRO
ÇA CHANGE DU TEXAS, HEIN ?
JE M'APPELLE YOURI (COMME LE GRAND GAGARINE), JE SERAI VOTRE RESPONSABLE ESA À LA CITÉ DES ÉTOILES.
AU MOINDRE PROBLÈME, DEMANDEZ-MOI.
TUUUT
Y A UNE AUTO QUI ROULE SUR LE TROTTOIR, LÀ...
C'EST NORMAL.
QUAND Y A DES EMBOUTEILLAGES, CERTAINS CRÉENT UNE VOIE SUPPLÉMENTAIRE.
ET... ON EST LOIN DE LA CITÉ DES ÉTOILES, LÀ ?
NON. 40 KM.
ON EN A POUR DEUX PETITES HEURES.
TUUUT
TROIS HEURES PLUS TARD
NOUS Y VOILÀ !
ЗВЕЗДНЫЙ
SORTEZ VOS PASSEPORTS POUR LE CHECKPOINT.
PAS LA PEINE DE SOURIRE. ON N'EST PAS À HOUSTON. (JE RIGOLE.)

РОССИЯ
LEIKA
CCCP
CCCP
STAR
TÛUT
TOUT
GARDE QUI FAIT LA GUEULE.
BIENVENUE À LA CITÉ DES ÉTOILES !
RESTO DES COSMONAUTES.
CENTRIFUGEUSE.
LABO MÉDICAL.
SALLE DE COURS.
POUR LUNDI, SANS FAUTE.
DISSERTATION : SOYOUZ ET INCENDIE, COMMENT CONCILIER PEUR ET EFFICACITÉ HÉROÏQUE ?
PISCINE D'ENTRAÎNEMENT POUR SIMULER LES SORTIES SPATIALES EN COMBINAISON.

CITY
РОСКОСМОС
ЗВЕЗАНЫЙ
LOGEMENTS DES EMPLOYÉS.
SALLE DES SIMULATEURS SOYOUZ.
POIVRIER
SOYOUZ
SIMULATEUR
LOGEMENTS DES ASTRONAUTES.
MAQUETTES DE MODULES SPATIAUX POUR SIMULER DES INCENDIES, OU DES DÉPRESSURISATIONS.
REU REU
KEUF ! KEUF !
TU FAIS QUOI, LÀ ?
KEUF ! J'AÈRE !
KEUF !
TU T'FOUS D'MOI ?

ALLEZ, JE VOUS FAIS UNE P'TITE VISITE !
ICI, LE GRAND YOURI GAGARINE !
RIN MUSEUM
ICI...
LE MUSÉE GAGARINE.
YOURI GAGARIN
?
GAGARINE ?
HEIN ?
QUOI ? OÙ ÇA ?
AH NON ! ÇA C'EST LÉNINE !!!
RIEN À VOIR, ENFIN !
FAUT PAS CONFONDRE, HEIN !
HA HA !
NI AVEC LÉNINE, COMPRIS ?
PLUS JAMAIS CONFONDRE !
PAS PAREIL !
FAIS PAS L'CON, PETIT...
ON NE RIGOLE PAS AVEC GAGARINE, ICI.

VOICI DASHA, QUI VA NOUS FAIRE LA VISITE DE LA SALLE DES SIMULATEURS SOYOUZ.
ПРИВЕТ*
PUIVIÊT.
PRIVET DASHA.
PWIVET.
PRIVÉT.
* "PRIVET" = BONJOUR
L'ILLUSTRE YOURI GAGARINE.
CLIC
SUPERBE.
GRAND HOMME.
UN MODÈLE
GRAND HONNEUR
HIGH FIVE, MAN !
HA HA !
?

LES SIMULATEURS SOYOUZ.
VOUS ALLEZ PASSER BEAUCOUP BEAUCOUP D'HEURES D'ENTRAÎNEMENT, ICI.
COOL !
WARNING
C'EST LÀ-DEDANS QUE VOUS VOUS ENTRAÎNEREZ AU DÉCOLLAGE ET AU RETOUR SUR TERRE.
ET CE, DES CENTAINES DE FOIS.

*docking : amarrage

ON ARRIVE DANS LA ZONE DES LOTISSEMENTS DES ASTRONAUTES.
VOUS ALLEZ VOIR, C'EST PAS TOUT JEUNE MAIS C'EST TRÈS CONVIVIAL.
HOOAAH ! TROP COOL !
OOH !
MAIS C'EST GÉNIAL !
IL MANQUE PLUS QUE CHARLES INGALLS QUI NOUS COUPE UNE BÛCHE POUR LE BARBECUE.
HEY !
?
HA HA NON ! ÇA CE SONT LES MAISONS POUR LES ASTRONAUTES AMÉRICAINS !
NOUS LES EUROPÉENS, ON LOGE TOUS ENSEMBLE, DANS CE BÂTIMENT.
??
LE "PROFI"...
COMME "PROFILACTORIUM".
EN FACE DU LAC.
LE LUXE !
CROÂ
CROÂÂ !
VOUS ALLEZ VOIR VOS APPARTEMENTS : C'EST COMME À LA MAISON !
Instagram
thom_astro
173 j'aime
thom_astro : My room in GCTC, Russia ex-soviet military base and some f*** nice blankets #fashionpolice #dolphins

LES ENTRAÎNEMENTS SONT ESSENTIELLEMENT LIÉS AU SOYOUZ, C'EST-À-DIRE AU DÉCOLLAGE ET À L'ATTERRISSAGE.
VOUS AVEZ MANGÉ CE MATIN ?
??
D'OÙ LES SÉANCES EN CENTRIFUGEUSE, UNE CAPSULE AU BOUT D'UN BRAS QUI TOURNE TRÈS VITE.
OUI
NORMAL
OUÉ
C'EST BIEN !
C'EST PAS PARCE QU'ON MONTE DANS UNE CENTRIFUGEUSE QU'IL NE FAUT PAS MANGER !
GAGARINE A MANGÉ COMME UNE VACHE AVANT D'EN FAIRE.
BON ! QUI VEUT Y ALLER LE PREMIER ?
QUESTION CON.
ALLEZ, HONNEUR AU PLUS JEUNE.
YES !
(GAGARINE ÉTAIT JEUNE.)
VENEZ, ON VA VOIR LA BÊTE.
L'IDÉE EST DE NOUS FORMER À PILOTER, TOUT EN SUBISSANT DES ACCÉLÉRATIONS...
À 8G, T'AURAS PLUS DE MAL À EXPIRER.
FAUT DONC QUE TU FASSES UNE RESPIRATION D'HOMME.
UNE RESPIRATION D'HOMME ?
PAS AVEC LA POITRINE.
AVEC LE VENTRE !
POF!

MALGRÉ SON EXCEPTIONNELLE CONSTITUTION...

L'ASTRONAUTE EST SOUMIS, COMME TOUT UN CHACUN, À L'ATTRACTION TERRESTRE.

CETTE FORCE EST EN FAIT UNE ACCÉLÉRATION QUI S'APPLIQUE SANS CESSE SUR NOUS. SUR TERRE ELLE EST DE 1 G (9,8 M/S²). ÇA VEUT DIRE QUE SI LE SOL NE NOUS RETENAIT PLUS, ON TOMBERAIT VERS LE CENTRE DE LA TERRE ET QU'À CHAQUE SECONDE DE CHUTE, ON AUGMENTERAIT NOTRE VITESSE DE 9,8 M/S (35 KM/H).

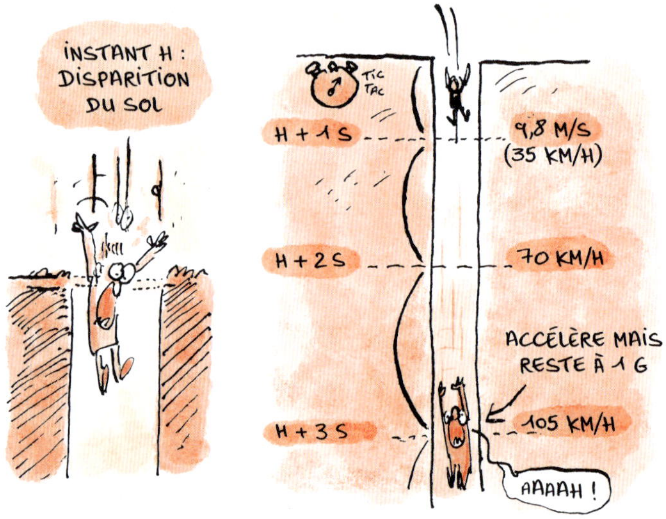

ALORS QUAND SCOTTY LE PILOTE D'ESSAI VOUS DIT :

ÇA VEUT DIRE QU'IL A SUBI UNE ACCÉLÉRATION DE 9 X 9,8 M/S², CE QUI REVIENT À PASSER DE 0 À 100 KM/H EN SEULEMENT 0,31 S.

C'EST BEAUCOUP ET ÇA FAIT MAL.

SUBIR 9 G REVIENT À MULTIPLIER SON POIDS PAR 9. S'IL PÈSE 90 KG, SCOTTY AURA DONC L'IMPRESSION D'ÊTRE ÉCRASÉ PAR UNE GROSSE VACHE CHAROLAISE.

SCOTTY SE RETROUVE UN PEU DANS LE MÊME CAS QUE DES BALEINES ÉCHOUÉES QUI S'AUTO-ÉCRASENT SOUS LEUR PROPRE POIDS. EN SOMME, IL AURA DU MAL À BIEN RESPIRER.

QUANT À SON SANG, LUI AUSSI SOUMIS À 9 G, IL AURA TENDANCE À ALLER VERS L'ARRIÈRE...

PRIVÉ DE SANG, LE CERVEAU N'A PLUS QUE 5 SECONDES DE CONSCIENCE UTILE...

AU-DELÀ SURVIENT LE "G-LOCK" OU G-INDUCED LOSS OF CONSCIOUSNESS.

... ET C'EST PAS COOL.

LES ASTRONAUTES SUPPORTENT AU DÉCOLLAGE ENTRE 3 ET 4 G. POUR UN ASTRONAUTE DE 90 KG, C'EST COMME PARTIR AVEC UN GORILLE SUR LE BUSTE.

À L'ATTERRISSAGE, SI TOUT VA BIEN, C'EST ENVIRON 4 G : COMME À L'ALLER, ÇA VA. NORMAL. TRANQUILLE.

MAIS SI Y A UN PROBLÈME, LA CAPSULE FAIT UNE ENTRÉE DITE "BALISTIQUE". QU'ON PEUT TRADUIRE PAR ENTRÉE "QUI CRAINT".
TRAJECTOIRE NORMALE
TRAJECTOIRE EN MODE BALISTIQUE
4G
10G
QUEL MÉTIER DE MERDE !
QUEL MÉTIER TROP COOL !
POITOU-CHARENTES
ATTERRISSAGE DANS LE DÉSERT DU KAZAKHSTAN
ET LÀ, L'ASTRONAUTE PEUT SUBIR DANS LES 9 À 10 G ET SEMBLE PESER DANS LES 900 KG (SOIT LE POIDS D'UN ÉLÉPHANT DE MER).
AAAAAAAAA!!
SOUVENEZ-VOUS DE LA BALEINE ÉCHOUÉE. À 9 G, LES POUMONS SONT ÉCRASÉS, ET LES MUSCLES DU THORAX N'ARRIVENT PAS À INSPIRER.
POUMONS À 1 G
PFF
POUMONS À 10 G
VAS-Y, INSPIRE !
GN
LA SOLUTION : LA TECHNIQUE DE L'AGSM, "L'ANTI-G STRAINING MANEUVER".
FAUT QUE T'AVALES DE L'AIR, POUR QUE TA CAGE THORACIQUE NE SOIT JAMAIS TOTALEMENT DÉGONFLÉE.
COMME UN POISSON SORTI DE L'EAU DE LA VOLGA.
Clic
ГАРИНА
(GAGARINE AIMAIT PÊCHER DANS LA VOLGA.)
ET INSPIRE AVEC LES GROS MUSCLES DU VENTRE, PAS AVEC LES PETITS DU HAUT.
POF
RESPIRATION D'HOMME !
CLAC!

3 G
5 G
6 G
PFFF
PFF
7 G
9 G
ЯESPIЯE COMME UN HOMME PETIT POISSON !
PFFF
RÉ-ENTRÉE BALISTIQUE. PILOTAGE EN MANUEL.
PFFF
PFF
Blic
Blic
Blic
Blic
200 MÈTRES
BRAS QUI PÈSE 30 KILOS.
20
Blic
10
PFFRR
LANDING
OK
5G... 4G ... 3G...
ÇA A ÉTÉ ?
BIEN SÛR : JE SUIS SUPER FORT.
CLAC
ÉVIDEMMENT, QUESTION CON.
POM POM POM

AU BOUT D'UN AN ET DEMI, ON PASSE À LA VITESSE SUPÉRIEURE : LA PHASE "D'ENTRAÎNEMENT AVANCÉ".
PCHiiii
TU DIS QUOI ?
RIEN RIEN !
TOUT VA BIEN !
PLUS QU'UNE HEURE THOMAS.
OK !
J'EN ÉTAIS OÙ ?
LA FORMATION AVANCÉE IMPLIQUE UN STRESS. PAS CELUI DE CONNAÎTRE TOUTE LA STATION PAR CŒUR SOUS FORME DE MILLIERS D'ACRONYMES.
BRRR
ÇA C'EST LE "ECLSS" QUI RECYCLE L'URINE EN EAU.
OK.
ICI, LE "SFOG" POUR L'O_2
TU DOIS SAVOIR DÉMONTER LES CDRA POUR LE CO_2.
CQFD
MAIS ON S'Y FAIT VITE.
NI DE PRENDRE UN AVION TOUTES LES SEMAINES.
DÈS QUE J'ARRIVE À L'AÉROPORT CDG...
J'APPELLE ASAP LA CPAM.
J'AI L'HABITUDE !
PAS DE STRESS NIVEAU ENTRAÎNEMENT SPORTIF...
AAAH ! J'ADORE ME DÉPASSER !
J'AI FAIT 4 H DE CROSSFIT NIVEAU 12.
FAUT ÊTRE EN FORME POUR VOLER !
BODY
SPACE
APRÈS LE SPORT, J'UTILISE GAGARIN-SHOWER 2 EN 1.
C'EST FAIT À BASE DE LARMES DE FEMMES, VERSÉES AVANT SON DÉPART. ÇA APAISE LES MUSCLES SURCHAUFFÉS.
ÇA N'A RIEN À VOIR AVEC NOTRE PROPOS.
MAIS C'EST LE SEUL MOMENT OÙ VOUS ME VERREZ NU.
ENJOY !

QUANT AU DANGER...
ON VA SIMULER UNE PLUIE D'ASTÉROÏDE EN RÉALITÉ VIRTUELLE...
TU DOIS LES ÉVITER.
OK !
IL EN EST À QUEL NIVEAU ?
SPACE COWBOYS
DIFFICULTÉ 12
OUAH !
IL BOUGE COMME UN TIGRE !
HAN ! LA POSE D'ANDROMÈDE !
SEUL GAGARINE SAVAIT LA FAIRE !
AUTANT MOI, J'APPRENDS À LE GÉRER...
... AUTANT LA FAMILLE, ELLE, S'EN PASSERAIT BIEN.
HÉ M'MAN ! REGARDE !
LA MÈRE
MON FILS EST HYPERACTIF
LE PÈRE
... MAIS UN PAS DE GÉANT POUR SOTTEVILLE-LÈS-ROUENS !
I NORMANDIE
LE MAIRE
DE PLUS, LES RARES FOIS OÙ VOUS ÊTES EN FAMILLE...
TU VEUX PAS FAIRE UNE PAUSE DANS TES RÉVISIONS DE DÉCLINAISONS RUSSES ?
ET JETER UN ŒIL À MA MACHINE À LAVER QUI NE MARCHE PLUS ?
diplôme
ЯЕРЁТЕ АРЯЁS MOI : СЕРГЕЯ НА КУХНЕ.
Fido Dido
LE BOULOT REVIENT TOUJOURS AU GRAND GALOP.
ÇA ME RAPPELLE LE "ECLSS" DU MODULE ZVEZDA.
?
AH BON ?
EN FAIT C'EST UN LG DE CHEZ DARTY.

NOTEZ QUE POUR LES CONJOINTS, C'EST PIRE. ILS DOIVENT NON SEULEMENT COMPOSER AVEC LE DANGER, MAIS AUSSI AVEC UN EMPLOI DU TEMPS DIGNE DE CELUI D'UN MINISTRE.

À SAVOIR : EST-CE QUE L'ESA VA ENFIN M'APPELER POUR M'ANNONCER QUE JE PARS EN MISSION ?

FÉVRIER 2011.
FEV 2011
BRRRR
NASA PIZZA
SALUT, LUCA, QUOI DE NEUF ?
SALUT, THOMAS.
DEVINE QUI QUI A REÇU SON AFFECTATION ?
C'EST MOOi !
JE DÉCOLLE EN 2013 !!
QUOI ?!? APRÈS SEULEMENT UN AN D'ENTRAÎNEMENT, T'AS DÉJÀ UNE MISSION ?!
BEN MON SALAUD !
POURQUOI TOI, ALORS QUE TU VOMIS À 4 G ?!
BEN C'EST SÛREMENT PARCE QUE JE SUIS SUPER BON.
VOIRE LE MEILLEUR, TU VOIS.
C'EST QUOI, CE BRUIT ?
C'EST RIEN.
NAN MAIS JE SUIS SUPER CONTENT POUR TOI.
C'EST GÉNIAL, FÉLICITATIONS, LUCA.
2013
SEPTEMBRE 2011.
T'ES PAS AU COURANT ?
ALEXANDER A SA MISSION ! IL DÉCOLLE EN 2014. QUI SAIT, TU SERAS PEUT-ÊTRE LE PROCHAIN ?
2014 !
??
MERDE !
ALLÔ ?
THOMAS ?

2012, AFFECTATION DE SAMANTHA.
POUR FIN 2014 ?! GÉNIAL, SAM !
POK !
YOURI
esa
2013, AFFECTATION D'ANDREAS.
POURQUOI T'AS SHOOTÉ DANS LA POUBELLE, MAN ?
J'ÉTAIS ÉNERVÉ !! J'AI TOUJOURS PAS ÉTÉ AFFECTÉ !
NOM DE DIEU...
C'EST PAS BEAU À VOIR...
SWAT
2014, AFFECTATION DE TIM PEAKE.
C'EST UNE SUPER NOUVELLE, TIM.
OUI...
BISOUS DE STAR CITY.
GAGARIN
PUTAIN ! J'SUIS LE DERNIER À PARTIR
PAC !
CHIER !
ARIN
KOIN
BAM !
ET MEEERDE...
PUIS FINALEMENT, AU BOUT DE CINQ ANS D'ENTRAÎNEMENT...
AUJOURD'HUI THOMAS, JE VEUX QUE TU SACHES CE QUE ÇA FAIT DE MANQUER D'OXYGÈNE.
SUPER, DOC.
esa
GLUE
YOURI
ON POURRAIT TESTER ÇA EN TE METTANT UN SAC PLASTIQUE SUR LA TÊTE, MAIS ON VA FAIRE ÇA PROPREMENT.
COOL !
ISS
AVEC UN MÉLANGE D'AZOTE ET D'HÉLIUM, ZÉRO OXYGÈNE.
PARFAIT.

JE VEUX QUE TU COMPRENNES CE QUE ÇA FAIT QUAND IL Y A UNE DÉPRESSURISATION DANS LA STATION.
QUE TU EN RESSENTES LES EFFETS.
OK
JE VAIS TE DEMANDER DE FAIRE DES SOUSTRACTIONS DE 7 EN PARTANT DE 1000, TOUT EN RESPIRANT LE MÉLANGE.
TU VEUX PAS DES DIVISIONS PAR RACINE CARRÉE DE SEPT PLUTÔT ?
EUH... SI ÇA T'AMUSE ! C'EST PARTI.
ALORS... POM 1000 ÷ √7... = 378,7 POM
PCCHH
TU SENS COMME C'EST DIFFICILE DE SE CONCENTRER ?
TU SENS CET ÉTAU INVISIBLE QUI T'ÉCRASE LES TEMPES ?
TA VISION QUI SE TROUBLE ?
T'IMAGINES ÇA, DANS UN VAISSEAU ?
2,76 √7 ??
80
O2 76
OK, ON ARRÊTE, AU-DELÀ C'EST DANGEREUX !
L'HÉLIUM VA TE FAIRE UNE VOIX DE CANARD QUELQUE TEMPS.
CAAPITAINE FLAMME !
BRRR
esa
ALLÔ ?
??
C'EST TOI, DONALD ?!
NAN, C'EST PESQUET.
ÉVIDEMMENT !
J'AI UNE BONNE NOUVELLE !
VOUS DÉCOLLEZ POUR L'ISS EN NOVEMBRE 2016 !
~~NOM DE DIEU, C'EST PAS TROP TÔT !~~
QUELLE JOIE !
FORMIDABLE !
CINQ ~~ANS QUE J'ATTENDS~~ !
JOIE !
~~VOUS M'AVEZ BIEN FAIT POIREAUTER~~ !
TROP HÂTE
ET AVEC QUI AURAI-JE L'HONNEUR DE PARTIR ?
AVEC OLEG NOVITSKI...
ET PEGGY WITHSON.
AH OUI, QUAND MÊME !
Y A DU NIVEAU.

LÀ, NORMALEMENT, VOUS VOUS DITES : MAIS QUI EST...
PEGGY WHITSON
TIN TIN TIIIIN!
SALUT, P'TIT BIZUTH.
ROOKIE.*
Bonjour, Madame
* DÉBUTANT
SOUVENEZ-VOUS : AU-DESSUS DE LA PLÈBE, IL Y A LES ASTRONAUTES.
LAISSEZ-MOI VOUS TOUCHER, ET VOUS SEREZ GUÉRIS DE VOS PLAIES.
HO OUIII
TOUCHEZ-NOOUS!
MAIS AU-DESSUS DES ASTRONAUTES, Y A LEUR BOSS. ET JUSQU'EN 2012...
TOUCHEZ MA BOOOSSE!
LUI ! IL A PLUS D'ÉCUSSONS !
C'ÉTAIT PEGGY WHITSON.
C'EST ÉCRIT OÙ DANS TON PLANNING QUE TU PEUX TOUCHER DES GENS ?
RETOURNE BOSSER.
MAIS...
HO ! UNE AURÉOLE EN PANNEAU SOLAIRE !
Alléluia!!
PEGGY WHITSON EST DÉJÀ ALLÉE DEUX FOIS DANS LA STATION SPATIALE...
BONJOUR, LADY...
JE PEUX M'ASSEOIR ?
VOUS ÊTES BIEN CHARMANTE.
ET C'EST QUOI VOTRE PETIT NOM ?
PEGGY.
... A FAIT SIX SORTIES EXTRA-VÉHICULAIRES...
APRÈS DUBAÏ, JE SUIS ALLÉ AU PANAMA...
OÙ J'AI FAIT FORTUNE DANS LES TONGS EN COUSCOUS AGGLOMÉRÉ.
MAIS JE VOUS ÉBLOUIS DE MES EXPLOITS.
ET VOUS ? QUE FAITES-VOUS DANS LA VIE ? DES COOKIES ?
PEG
BREF, SI LA CLASSE AMÉRICAINE AVAIT UN VISAGE, CE SERAIT CELUI DE PEGGY.
NON. JE SUIS ASTRONAUTE.
EN TOUT, J'AI PASSÉ PLUS D'UN AN DANS L'ESPACE.
BAD ASS
J'AI RÉPARÉ UN PANNEAU SOLAIRE AVEC MES PETITS BRAS.
ET J'AI FAILLI MOURIR DANS UNE CHUTE DE 120 KM.

VOUS VOUS SOUVENEZ DE LA RENTRÉE ATMOSPHÉRIQUE EN MODE "BALISTIQUE" ?

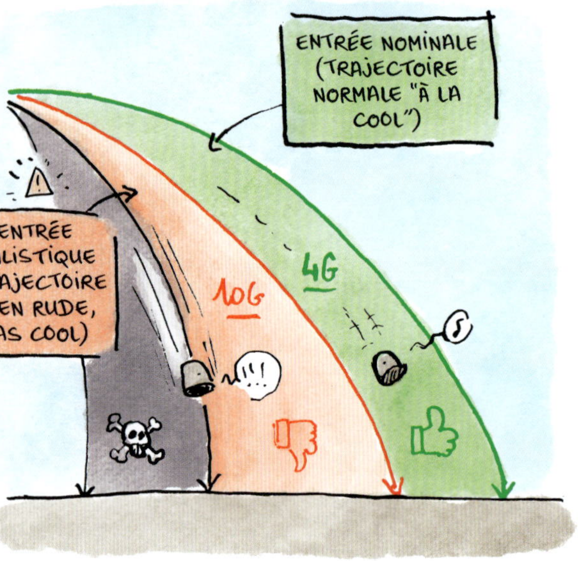

C'EST CE QUI EST ARRIVÉ À PEGGY WHITSON ET SON ÉQUIPE EN 2008, MAIS EN MODE "PIRE".

ÉJECTION DU MODULE ORBITAL.
PA!
BRRR...
ÉJECTION DU MODULE DE SERVICE.
?!
!!
??
PAH!
MEEERDE!!
TUTUT
BRRRR
LE MODULE DE SERVICE S'EST MAL DÉCROCHÉ !
ON ENTRE DANS LE MAUVAIS SENS!
CONTACT AVEC LE SOL COUPÉ !
BRRR
RENTRÉE BALISTIQUE!!
BIIIIP!
PAH
?
!

BRRRRRRR
TÛTÛTÛ
BIIIII
BÊÊ
BRRRR

Y A DES GENS DEDANS ?
JE SAIS PAS ! C'EST BRÛLANT !
?
BRR
TUUUT TUUT
BON DIEU ! J'AI L'IMPRESSION D'AIDER UNE GROSSE JUMENT À METTRE BAS !
MAIS D'OÙ VENEZ-VOUS ?
DE L'ESPACE
...
AVEC DEUX FEMMES ?
C'EST PAS POSSIBLE !
BREF, C'EST AVEC ELLE, PEGGY WHITSON, QUE JE VAIS PARTIR DANS L'ESPACE... PEGGY QUI EST DU GENRE À SORTIR, QUAND ON LUI DEMANDE SI ELLE A EU PEUR PENDANT CE RETOUR CATASTROPHIQUE :
LANGUE ASTRONAUTE
ON ÉTAIT TROP OCCUPÉS POUR AVOIR PEUR.
GENS NORMAUX
ON A CRU QU'ON ALLAIT CREVER.
NICE TO MEET YOU PEGGY... I'M THOMAS !
JE ME SUIS CASSÉ UNE DENT EN 1986.
PAS MAL !

– Peggy a quasiment construit la station
à elle toute seule et Oleg y est déjà allé...
Je pense qu'on va former une bonne équipe.

THOMAS PESQUET

BANLIEUE DE MOSCOU, FÉVRIER 2014
DÉCOLLAGE -2 ANS ET DEMI
QUEL BEAU TRIO VOUS FAITES !
JE LE SENS BIEN, CE STAGE DE SURVIE !
VOUS ALLEZ VOIR !
LA SURVIE, ÇA RESSERRE LES LIENS !!
SURTOUT QUE PEGGY ET OLEG L'ONT DÉJÀ FAIT.
FINGER IN THE NOZE.
PEGGY EN SAIT QUELQUE CHOSE : UN ATTERRISSAGE EN MODE BALISTIQUE PEUT FAIRE ATTERRIR UN PEU PLUS LOIN QUE PRÉVU.
YEAH.
TU AS ATTERRI À QUOI ? 400 KM DU LIEU ESTIMÉ (QUI FAIT LUI-MÊME LA TAILLE D'UN DÉPARTEMENT) ? LES SECOURS ONT PU VENIR DANS LA JOURNÉE.
PLUS DE PEUR QUE DE MAL.
DA.
ENFIN JE NE MINIMISE PAS HEIN, PEGGY.
JE NE DIS PAS QUE C'ÉTAIT UNE PARTIE DE PLAISIR !

SURTOUT AU NIVEAU DIPLOMATIQUE...
GRATT GRATT
QUEL PATAQUÈS ÇA A ÉTÉ !
DIS DONC CAMARADE, TU SAIS QU'À PARTIR DE 2011, FINIE, LA NAVETTE. T'ES CENSÉ NOUS PONDRE PLEIN DE SOYOUZ À L'AVENIR POUR ASSURER LE DÉCOLLAGE DES ASTRONAUTES...
CE SERAIT SYMPA QUE POUR LES 60 MILLIONS DE DOLLARS QUE ÇA NOUS COÛTE, NOS ASTRONAUTES REVIENNENT ENTIERS, TU TROUVES PAS ?
ACCESSOIREMENT.
HM ?
JE DISAIS QUOI ?
AH OUI ! LES RETOURS POURRIS EN SOYOUZ !
CELUI DE PEGGY ÉTAIT DÉJÀ CHAUD...
MAIS Y A DES CAS ENCORE PIRES.
IL Y A DES CAS OÙ L'ATTERRISSAGE NE SE PASSE TELLEMENT PAS COMME IL FAUT QU'IL N'A MÊME PAS LIEU SUR LE CONTINENT PRÉVU !
ET LÀ, ÇA RIGOLE MOINS.
ENFIN JE PRÉTENDS PAS QUE TU T'ES MARRÉE HEIN, PEGGY !
NO OFFENSE, YOURI.
QUAND TOUT VA BIEN, LA CAPSULE QUITTE LA STATION ET SE MET SUR UNE ORBITE SPÉCIFIQUE.
À UN MOMENT BIEN PRÉCIS, ON ENVOIE UN COUP LES GAZ, POUR ATTERRIR DANS LE DÉSERT KAZAKH, OÙ ON NE RISQUE PAS DE BLESSER GRAND MONDE.
TOUT LE MONDE A FAIT PIPI AVANT DE PARTIR ?
OUIII, MON COMMANDANT !
MAINTENANT !
KAZAKHSTAN (1 CHAMEAU/KM²)

SEULEMENT, IL PEUT ARRIVER QU'IL Y AIT UN PROBLÈME TECHNIQUE OU AUTRE, QUE LA CAPSULE N'ENVOIE PAS LA SAUCE ET RATE LE COCHE.

C'EST THÉORIQUEMENT PAS "GRAVE", CAR QUAND ON EST SUR UNE ORBITE – C'EST PRATIQUE –, SUFFIT DE REFAIRE UN TOUR ET ON REVIENT EXACTEMENT AU MÊME POINT.

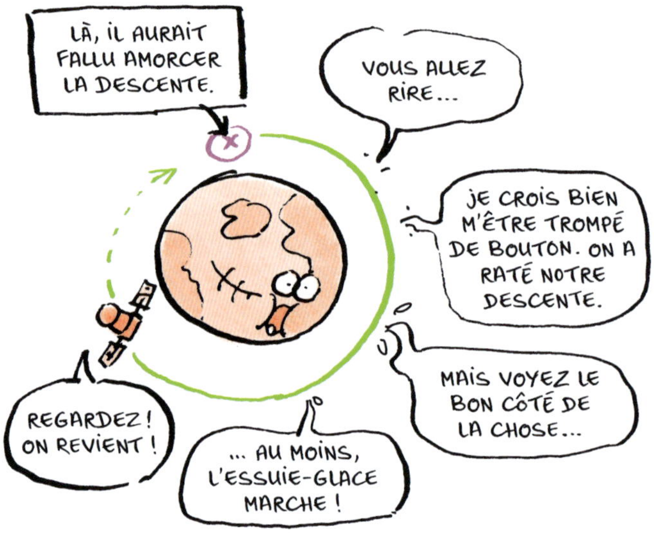

SEULEMENT VOILÀ, ENTRE-TEMPS, LA TERRE NE VOUS A PAS ATTENDUS ET A TOURNÉ VERS L'EST.

ARRIVÉS DE NOUVEAU AU POINT PRÉVU, C'EST PLUS TROP LA MÊME DONNE. VOUS ATTERRIREZ PLUS À L'OUEST, PEUT-ÊTRE DANS UNE ZONE FROIDE... VOIRE L'OCÉAN.

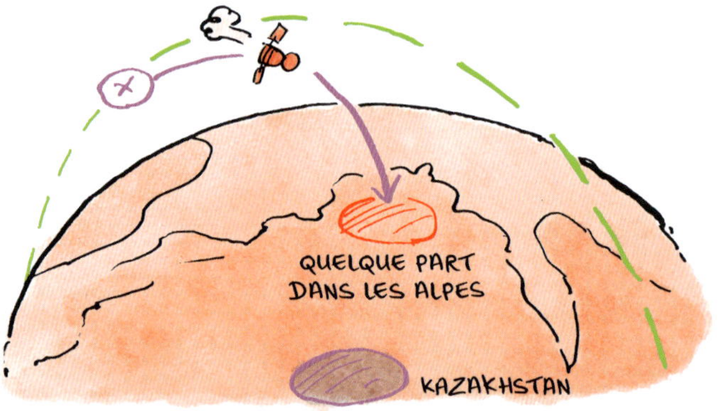

READY ?
READY !
GO!
APi...
SHiT!
AOUCH!
GRRR
GNN!
GNNN
ALLEZ, THOMAS ! POUSSE ! POUSSE !
IMAGINE ÇA APRÈS SIX MOIS D'IMPESANTEUR, LES MUSCLES EN COMPOTE !
ATTENTION, LA CASPULE EST ENCORE BRÛLANTE !
VITE VITE VITE !
BIEN !
ATTENDEZ
JE PRENDS UNE PETITE PHOTO POUR LE COMPTE INSTAGRAM DU ROSCOSMOS. CHEESE !
BON, IMAGINONS, L'ATTERRISSAGE A ÉTÉ UN PEU VIOLENT ET L'UN DE VOUS EST BLESSÉ.
VOICI LA BOÎTE À PHARMACIE DE L'EXTRÊME.
ÇA, C'EST DU DECALAMOR 250 MG.

IMAGINONS. VOUS VOUS ÊTES PÉTÉ LA JAMBE À L'ATTERRISSAGE.
PAS GRAVE. JE DÉCAPSULE...
ET PAF!
J'INJECTE !
C'EST SUPER LE DECALAMOR : AVEC, TU MARCHES AVEC UNE JAMBE CASSÉE PENDANT DEUX JOURS SANS PROBLÈME.
LE PARAGANGRÈNE 20 G
ÇA, ÇA S'INJECTE DIRECT DANS LE CŒUR.
MAIS Y A DES CHANCES POUR QUE TU MEURES LE TROISIÈME.
ASPIRINE, CODÉINE
MORPHINE
FENTANYL
ON NE SAIT JAMAIS, APRÈS UNE AMPUTATION...
POUR PAS CREVER DE FROID, FAUT RÉCUPÉRER LE PARACHUTE DE LA CAPSULE POUR FAIRE UNE TENTE.
T'ES PAS CENSÉ SIMULER UNE JAMBE CASSÉE, TOI ?
JE SIMULE L'OVERDOSE DE DECALAMOR !
Clic
ET FAITES DU FEU. ÇA VA CAILLER SEC, LA NUIT. ET LES SECOURS PEUVENT METTRE 48 H À VOUS REJOINDRE.
MAIS...
ELLE COUPE QUE DALLE, CETTE HACHE !
TCHAK
COMMENT ÇA, ÇA COUPE PAS ?! MAIS C'EST LA HACHE DE GAGARINE ! IL A COUPÉ UNE BÛCHE D'AUBÉPINE AVEC, POUR RÉCHAUFFER SA MAMAN QUI AVAIT LA POLIO.
POUR UN GARROT, PRENEZ LES CORDES DU PARACHUTE.
TCHAK
SI VOUS CROISEZ UN OURS, ON A CACHÉ UN PISTOLET DANS LE SOYOUZ.
GARDE SON URINE, ÇA FAIT DU TRÈS BON DENTIFRICE.
BON ! VOUS SAVEZ TOUT ! JE VOUS LAISSE DEUX JOURS ET ON SE FAIT UN DÉBRIEFING ! BISOUS !

IL Y A ENCORE DEUX CHOSES IMPORTANTES DONT JE N'AI PAS PARLÉ...
SIX MOIS AVANT DÉCOLLAGE - NASA
SONNY CENTER TRAINING FACILITY
HI, PEGGY !
EMPLOYEE OF THE MONTH
BOB
HI, THOMAS !
READY FOR AN E.V.A ?
OH YEAH !
COUPEZ !!!
PREMIÈREMENT : LA COM'. FAIRE DES INTERVIEWS OU DES REPORTAGES, ÇA FAIT PARTIE DU JOB. C'EST DANS MON CONTRAT.
C'EST SUPER ! GREAT !
PEGGY, YOU WERE SUPER !
THANKS !
DEUXIÈMEMENT, LA FAMEUSE EVA.
THOMAS, EST-CE QUE TU PEUX EXPLIQUER À LA CAMÉRA CE QU'EST UNE EVA ?
THANKS PEGGY, YOU'RE GREAT !
OK MAIS VITE, PARCE QUE LÀ, Y A SOIXANTE PERSONNES QUI M'ATTENDENT POUR L'ENTRAÎNEMENT.
YEAAAH
NON MAIS REALLY !
TROIS... DEUX... UN...
ACTION !
• REC
E.V.A (EXTRA-VEHICULAR ACTIVITY) DÉSIGNE LA SORTIE DANS L'ESPACE D'UN ASTRONAUTE DANS UNE COMBINAISON.
PUF
VROUM
EVA
EVA
PUF
PIÈGE EVA LONGORIA
UNE EVA, C'EST DANGEREUX, COÛTEUX, TRÈS TECHNIQUE ET TRÈS PHYSIQUE. EN SOMME, ÇA NE SE FAIT PAS COMME UNE SORTIE POUR ACHETER LE PAIN, EN DEUX MINUTES CHRONO.
ALLEZ HOP !
MON CASQUE...
~ MUiii
Liste
- VISSER
- Coupe
Revenir
MON CABAS...
Boulangerie ambulante
MEEEERDE... J'AI OUBLIÉ MES CLÉS À L'INTÉRIEUR !
AH LE CON !

*NEUTRAL BUOYANCY LABORATORY (PRONONCER "BY-ENSSY" ET PAS "BEYONCÉ")

VOILÀ LE BASSIN ! CE QUE VOUS VOYEZ AU FOND, C'EST DES RÉPLIQUES DE BOUTS DE STATION SPATIALE.
AVEC PEGGY, ON VA RÉPÉTER DES RÉPARATIONS EN COMBI.
HEY GUYS !
HI !
HI
PAR CONTRE, DÉSOLÉ...
SNIF
MAIS JE VAIS DEVOIR VOUS LAISSER, LES GARS. JE DOIS ALLER ME CHANGER.
ON PEUT PAS TE FILMER DANS LES VESTIAIRES ? FILMER LA CONCENTRATION, TOI FACE À LA CHARGE DE LA TÂCHE À ACCOMPLIR...
TOI ET TES GROS MUSCLES.
C'EST VRAI QUE J'AI DE GROS MUSCLES.
MAIS C'EST NON.
EN PLUS, JE DOIS ENFILER UNE COUCHE.
SIX HEURES D'AFFILÉE SOUS L'EAU, MEC !
raison de plus

T'AS FILMÉ SA TENUE ?
LE PYJAMA ? AVEC LES TUBES ?
OUAIS
ÇA SERT À QUOI ?
À NE PAS SURCHAUFFER.
T'AS CHAUD DANS L'ESPACE ?
ÇA DÉPEND, ÇA VARIE ENTRE -120 ET 150°C.
GNNI
DONC AU SOLEIL, DANS L'ESPACE, TU CHAUFFES.
MAIS... SANDRA BULLOCK DANS "GRAVITY", ELLE A JUSTE UN SHORT !
GNN !
BEN ELLE DEVRAIT ÊTRE MORTE, RÉDUITE EN CHIPO.
... HOLÀLÀ, T'EN SAIS DES CHOSES, MANU.

SCHLING
PICTURES ?
instagram
Perfect_tv
Joe Billy : great to meet Pesquet at #NBL #LoveAstronauts
56 personnes like this
HÉ, JE PEUX POSER, MOI AUSSI ?
SALUT, DOC.
JE T'EN PRIE.
ÇA VA ? TOUJOURS PAS D'AVC ?
NON, RIEN.
PNEUMOTHORAX ? EMBOLIE ?
NON.
PFFFFFF

BRRRRRR
•REC
LE POUCE ! FILME LE POUCE !
BLUP
PEGGY ET MOI RÉPÉTONS LES RÉPARATIONS QU'ON AURA À FAIRE DANS L'ESPACE.
SCALPEL
CLÉ DE 12
ESSUYEZ-MOI LE FRONT !
RIEN N'ÉCHAPPE AUX CAMÉRAS.
CE SONT LES YEUX DE LA SALLE DE CONTRÔLE...
EUH... JE DOIS COUPER LE FIL ROUGE OU LE FIL BLEU ?
NBL BOSS
HMM.
AU BOUT DE 5H D'ENTRAÎNEMENT...
ON VA VOIR SI LE P'TIT FRENCHIE A LES TRIPES.
NBL BOSS
LANCEZ LA SIMULATION "PÉPIN COSMIQUE" !
OK, PEGGY TU ME REÇOIS ?
MESSAGE À TOI SEULE.
OK
TU VAS SIMULER UN MALAISE.
TU NE RÉPONDS PLUS À THOMAS DANS 3... 2...
1...
SHIT !
GO : YOU'RE OFF.

PEGGY, CAN YOU TAKE MY CABLE ?
PEGGY ?
??
HOUSTON, PEGGY NE RÉPOND PAS.
JE LA RAMÈNE AU SAS.
SHRR ! BIEN REÇU. VOUS AVEZ 20 MINUTES.
200 KILOS À DÉPLACER À LA FORCE DES BRAS...
HA HA ! QU'EST-CE QUE VOUS CROYEZ ? QU'ON EST LÀ POUR BEURRER DES TARTINES ?
NBL BOSS
HA ! HA ! HA !
GNN ! AUTANT ESSAYER DE REMETTRE DU DENTIFRICE DANS SON TUBE !
BONK !
WHAT ? WHAT DID YOU SAY, THOMAS ?
NOTHING !
REC
ALORS THOMAS, CE TRAINING ?
LE COUP DU MALAISE !
J'AI DÛ VITE RAMENER PEGGY AVANT QU'ELLE N'AIT PLUS D'OXYGÈNE.
ÇA DOIT ÊTRE ÉPUISANT !
NAAAAN, ÇA VA, ON EST PHYSIQUEMENT PRÉPARÉS POUR !
SIX HEURES, QUAND MÊME...
BONK
DÉJÀ QUE MOI, 20 MINUTES DE PLONGÉE...
LE MENTAL !
ET... EST-CE QU'ON PEUT VENIR FILMER CHEZ TOI ? VOIR L'HOMME DERRIÈRE L'ASTRONAUTE, DANS SON QUOTIDIEN.
HEU OUAIS OK, MAIS DEMAIN. CE SOIR, J'AI PLEIN DE PROCÉDURES À RELIRE.
ZZZZZZZ
PROCÉDURES
PROCÉD

AVANT LES ANNÉES 1970, LES COSMONAUTES RUSSES ALLAIENT EN CHEMISETTE DANS LEURS SOYOUZ, À LA COOL.

MAIS EN 1971, PENDANT UNE RENTRÉE ATMOSPHÉRIQUE, UN ÉQUIPAGE EST MORT, ASPHYXIÉ SUITE À UNE FUITE DU SOYOUZ.

DEPUIS, LES COSMONAUTES PORTENT UNE COMBI INTRAVÉHICULAIRE "GONFLÉE" POUR CRÉER UNE BULLE D'AIR AUTOUR D'EUX.

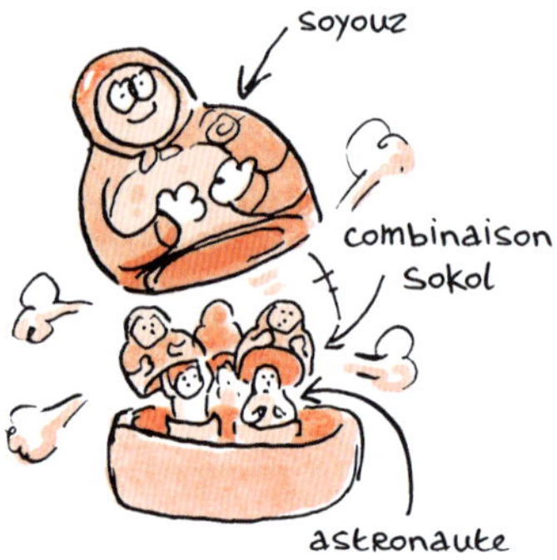

ET CES COMBIS, CE SONT LES COUTURIÈRES DE L'ENTREPRISE ZVEZDA QUI LES FABRIQUENT À LA MAIN.

... ET SUR MESURE.

TOUT ASTRONAUTE PARTANT DANS UN SOYOUZ A SON SIÈGE SUR-MESURE, MOULÉ À SON DOS.

C'EST LE SIÈGE QUI DOIT ENCAISSER LE CHOC DE L'ATTERRISSAGE. LE MOINDRE TRUC QUI DÉPASSE PEUT LE BLESSER.

ET POUR MOULER UN ASTRONAUTE, SUFFIT DE LE COULER DANS DU PLÂTRE.

ET PLUSIEURS FOIS, COMME AUJOURD'HUI, L'ASTRONAUTE DOIT TESTER SON SIÈGE, AVEC SA COMBI, HISTOIRE DE VOIR S'IL A PAS GROSSI.

DÉCOLLAGE -40 JOURS.
RÉCAPITULONS.
enfance de l'astronaute
diplôme d'astronaute
adolescence de l'astronaute
maturité
enthousiasme
Good Job!
patience
ALLEZ ! J'DÉCOLLE QUAND ?
DEMANDE À TON PÈRE !
DEMANDE À TON ONCLE !
DEMANDE À TA MÈRE.
NASA
ESA
ROS
ENFIN JEDI !
PRESQUE.
fébrile
OLEG
Peggy
2009
2010
2014
2016
FORMATION DE BASE
FORMATION AVANCÉE
FORMATION SPÉCIFIQUE
J'EN SUIS LÀ
beaucoup de théorie
apprentissage du russe
APPROFONDISSEMENT DES CONNAISSANCES
connaître le Soyouz
la station
et être en forme
TOUT SAVOIR FAIRE : DÉCOLLER, S'AMARRER, ENTRETENIR LA STATION, LA RÉPARER, LA NETTOYER ET Y FAIRE LES EXPÉRIENCES SCIENTIFIQUES, RESTER ET REVENIR VIVANT.
durée : 1 an
durée : variable (min 2 ans)
18 mois
JE SUIS PRÊT, MAÎTRE PEGGY, JE VEUX DÉCOLLER !
AVANT, UNE CHOSE À FAIRE IL TE RESTE.
LAQUELLE ?
LA COM' ENCORE ASSURER IL FAUT.
proxima
OUI ?
COMMENT VOUS FAITES PIPI DANS L'ESPACE ?
IL A LES PIEDS SUR TERRE MAIS LA TÊTE DANS LES ÉTOILES...
HA HA ! EXCELLENT !
HA HA !
EUROPE 1
THOMAS PESQUET !
ALORS DITES-NOUS : COMMENT MANGE-T-ON DANS L'ESPACE ?
EH BIEN C'EST SIMPLE...
ALORS, LA QUESTION QUE TOUT-LE-MONDE-SE-POSE : "POUR ALLER AUX W-C, COMMENT ÇA SE PASSE DANS L'ESPACE ?"
ALORS C'EST SIMPLE...
ALORS... L'ESPACE... POURQUOI ? POUR QUI ? POUR QUOI FAIRE ?
POUR OÙ ?
ALORS ...

ET POUR FAIRE VOS BESOINS, VOUS FAITES COMMENT ?
"IL S'ENVOIE EN L'AIR" DANS UN AN...
PAF ! PUNCH LINE !
ON REÇOIT L'ASTRONAUTE...
ET VOUS ARRIVEZ À GARDER LES PIEDS SUR TERRE ?
HU HU !
(ON NE VOUS L'A JAMAIS FAITE CELLE-LÀ.)
ICI ROCADE FM. J'AI AVEC MOI L'ASTRONAUTE THOMAS PESQUET, UN BEAU MODÈLE-BOLIDE POUR TOUS LES PAPAS QUI NOUS ÉCOUTENT AU VOLANT.
FM
POUR LES MAMANS AUSSI, J'ESPÈRE...
ALORS ÇA VA ?! ON S'EMMERDE PAS ! ON VA DANS L'ESPACE AVEC NOS IMPÔTS !!!
CALMEZ-VOUS, MONSIEUR ELKABBACH...
VOUS AVEZ PEUR ?
NON.
SI.
M'SIEUR ! M'SIEUR ! VOUS ALLEZ VRAIMENT PARTIR DANS L'ESPACE ?
HÉÉÉÉ OUI ! VOUS VOULEZ SAVOIR QUOI ?
COMMENT ON FAIT PIPI LÀ-HAUT ?
QU'EST-CE QU'ON MANGE ?
NAN !
Y S'PASSE QUOI SI TU MEURS ?

DÉCOLLAGE -30 JOURS.
HOUSTON - NASA, DPT MÉDICAL.
PUSH, THOMAS !
PUUSH !
C'EST BIEN ! POUSSE SUR TES PIEDS !
ÇA, C'EST DU SPACE-MASSAGE CARDIAQUE !
TIENS, JE VOULAIS TE POSER UNE QUESTION...
OUI ?
SI LE MASSAGE CARDIAQUE ÉCHOUE... JE FAIS QUOI ?
AUTREMENT DIT : C'EST QUOI LA PROCÉDURE SI ON A UN MORT DANS LA STATION ?
EH BIEN IL Y A UN SAC MORTUAIRE DANS LA STATION, POUR METTRE LE CADAVRE...
BEEARK
BON APRÈS, FAUDRAIT RAMENER LE MORT SUR TERRE, DANS LE SOYOUZ.
ON DÉMARRE COMMENT ?
JE SAIS PAS ! C'ÉTAIT LUI LE CONDUCTEUR !
COMME DANS LES AVIONS, D'AILLEURS. TU ES PILOTE, JE NE T'APPRENDS RIEN !
MAIS JE T'AVOUE QU'ON N'A PAS VRAIMENT DE PROCÉDURE CLAIRE POUR ÇA...
SI Y A UN MORT, C'EST QU'IL SERA ARRIVÉ QUELQUE CHOSE DE SI GRAVE QU'IL FAUDRA FORCÉMENT IMPROVISER.
HA HA ! FREAKY !
DONC PAS DE PROCÉDURE.
VOUS SAVEZ CE QU'EST UN SAC MORTUAIRE, LES ENFANTS ?
NASA ROAD ASSURANCE
BECAUSE LIFE IS DANGEROUS

J -20 JOURS : APRÈS DES EXAMENS DANS TOUS LES SENS...
POURQUOI LA MANŒUVRE B11C4 DURE-T-ELLE PRÉCISÉMENT 1,2 SECONDE ?
?
?
?
EUH (AU PIF) PARCE QUE YOURI, QUI N'AVAIT JAMAIS LES MAINS MOITES, A APPUYÉ DESSUS 1,2 SECONDE ?
ON EST OFFICIELLEMENT DÉCLARÉS PRÊTS.
EXACTEMENT ! (QUEL HOMME...)
JE VOUS DÉCLARE APTES À DÉCOLLER.
HO... YOURI...
MAIS NE CASSEZ RIEN !
J -15 JOURS
DÉCOLLAGE POUR BAÏKONOUR, KAZAKHSTAN.
MOSCOU
MOSCOU
HANGAR DE LA FUSÉE MIK 2-1
C'EST QUOI, CE BOULON ?
OUPS
OUPS
MUSÉE GAGARINE
VOUS PRENEZ LES DOLLARS ?
NON.
ANTENNES VEGGA
CHÉRIE-ÉFÈM
EXTRATERRESTRE ?
POSTE DE CONTRÔLE DU COSMODROME
VOICI LE PETIT-PETIT-PETIT-FILS DE LAÏKA.
GRR
CHIEN TRÈS MÉCHANT. PAS GENTIL.
Байконур

LÀ, VOUS VOUS DITES : "MAIS POURQUOI DIABLE LES RUSSES VONT AU FIN FOND DU KAZAKHSTAN POUR DÉCOLLER ?"
1955
KAMARADE KOROLEV* ! ON DOIT TROUVER UN LIEU D'OÙ ENVOYER NOS FUSÉES.
DA !
BONC
*fondateur de la conquête spatiale russe
C'EST POURTANT PAS COMME SI ON MANQUAIT DE PLACE, MON PTIT KORO...
RUSSIA
grand
rien
vide
SIBÉRIE
0,2 être vivant/km²
ras
2 ours croisés en 1902
ON A PLEIN D'ESPACE MAIS IL EST MAL PLACÉ.
PARCE QUE L'IDÉAL EST DE DÉCOLLER LE PLUS PRÈS POSSIBLE DE L'ÉQUATEUR.
LE GABON FAIT PARTIE DE L'EMPIRE COMMUNISTE ?
NON
TANT PIS, IL NOUS RESTE LE KAZAKHSTAN.
CAR C'EST À L'ÉQUATEUR QU'IL Y A LA PLUS GRANDE FORCE CENTRIFUGE. LANCER DEPUIS L'ÉQUATEUR FACILITE À MORT LES DÉCOLLAGES.
ZOUPLAAA !
équateur
C'EST POUR ÇA QUE LES AMÉRICAINS ENVOIENT LEURS FUSÉES DEPUIS LA FLORIDE ET PAS DEPUIS LE WYOMING.
BRODEBACK SPACE MOUNTAIN
BRAAAAAM
AAAAAAH !
MEUH
MEEUH
MEEUH !
ET LES EUROPÉENS DEPUIS LA GUYANE PLUTÔT QUE DE BERCK.
BRRRRR
FRITES
HÔ BEN C'EST BÔ HEIN !
MAIS C'EST BRUYANT !
C'EST DONC EN PLEIN DÉSERT, À BAÏKONOUR, QUE LES RUSSES ONT LEUR COSMODROME. ET ÇA N'A - COMMENT DIRE ? - RIEN À VOIR AVEC CAP CANAVERAL.
АЕРОПОРТ
ROSCOSMOS
TUUUT !
BRAAAA !

C'EST UN PEU LE FAR WEST, MAIS LE FAR WEST SOVIÉTIQUE.
BAÏKONOUR EST UNE ENCLAVE RUSSE EN PLEIN KAZAKHSTAN.
БАЙКОНУР
БАЙКОНУР
БАЙКОНЫР
ET LES ASTRONAUTES ONT LEUR PROPRE ENCLAVE, DANS CETTE ENCLAVE.
ON ARRIVE, RÉVEILLE OLEG !
bosse dans le spatial
Laika, 25e du nom
bossera dans le spatial
LE "COSMONAUT HOTEL"
BRRR
Quarantine
À PARTIR DE MAINTENANT, ET POUR LES DEUX SEMAINES À VENIR, VOUS ÊTES EN QUARANTAINE.
UN ASTRONAUTE MALADE EST UN ASTRONAUTE À REMPLACER.
SI L'UN D'ENTRE VOUS TROIS EST PATRAQUE, C'EST TOUT L'ÉQUIPAGE LÀ-HAUT QUI LE SERA.
directeur de l'hôtel
VOUS REMPLACEZ ALIEN PAR LA GASTRO ET VOUS FOIREZ UNE MISSION SPATIALE TOUT PAREIL.
DONC ICI, C'EST ZONE PROTÉGÉE !
VOUS NE RENCONTREZ PERSONNE SANS PERMISSION.
ET À L'EXTÉRIEUR, VOUS NE TOUCHEZ PAS LES GENS, VOUS NE SERREZ PAS DE MAINS ET NE PARLEZ PAS AUX JOURNALISTES À MOINS DE 3 MÈTRES.

ÉVIDEMMENT, MÊME TRAITEMENT POUR VOUS, LES BACK-UP.
MAIS VOUS SAVEZ DÉJÀ TOUT ÇA.
LES BACK-UP SONT LES REMPLAÇANTS, COMME AU FOOT. SAUF QU'ON A CHACUN LE NÔTRE.
Paolo Nespoli, mon remplaçant (déjà parti 2 fois)
Fyodor Yurchikhin, remplaçant d'Oleg (déjà parti 3 fois)
Jack Fisher (primo-volant)
AH NON PARDON ! SAUF VOUS FISHER, VOUS C'EST LA PREMIÈRE FOIS.
YEAH
LE BACK-UP FAIT TOUT COMME SON ASTRONAUTE, LA QUARANTAINE COMME LES CÉRÉMONIES.
MAIS ARRÊTE DE ME COLLER COMME ÇA !
JE T'AIDE
C'EST MA MISSION !
MAIS MOI J'AI DÉJÀ VOLÉ, JE SAIS MIEUX COMMENT ON FAIT !
C'EST MON DRAPEAU !
SAUF LES TRAJETS. LES BACK-UP LES FONT DANS UN AUTRE VÉHICULE QUE NOUS. COMME ÇA, SI ON SE PREND L'UNIQUE PLATANE DU DÉSERT, ILS SONT PRÊTS À NOUS REMPLACER.
ALORS ÇA, C'EST CON.
PCHIII
ÊTRE REMPLACÉ AU DERNIER MOMENT, C'EST DÉJÀ ARRIVÉ À L'ASTRONAUTE TIM KOPRA. IL DEVAIT PARTIR SUR LE DERNIER VOL HISTORIQUE DE LA NAVETTE DISCOVERY.
PROUD OF AMERICA !
PROUD OF YOU !
THANKS, MR OBAMA !
2011
MAIS PAS DE BOL, IL S'EST PLANTÉ À VÉLO JUSTE UN PEU AVANT.
GO TIM ! GO !
REGARDE DEVANT TOI !
!!!
HAA
SON BACK-UP A DÉCOLLÉ À SA PLACE. ET KOPRA A DÛ ATTENDRE QUATRE ANS AVANT DE FAIRE SA MISSION.
GN
TCHAK !
BACK UP
MOI-MÊME J'AI DÉJÀ ÉTÉ DEUX FOIS BACK-UP. C'EST MA TROISIÈME QUARANTAINE.
JE VOUS AI DÉJÀ RACONTÉ LA FOIS OÙ J'AI FAIT AVALER UNE PELLICULE PHOTO À UN JOURNALISTE QUI EMBÊTAIT YOURI ?
YES
DA
OUI
DA
SI
AH BON ?
NON, PAS À FISHER !
NO

PETITE PARENTHÈSE : JE PEUX VOUS DIRE QUE MÊME SI ON MEURT D'ENVIE DE PARTIR DANS L'ESPACE, ON PRÉFÈRE LE FAIRE SUR NOTRE MISSION, PAS SUR CELLE D'UN AUTRE.
JUILLET 2016, CÉRÉMONIE AVANT LE DÉCOLLAGE DE TAKUYA ONISHI
Youri !! Gloire au Héros... Si on le pouvait, on infuserait ses os et on les boirait
back-up de Takuya Onishi
TIENS MAIS J'Y PENSE : LES VÊTEMENTS DE TAK SONT PARTIS DANS LA STATION PAR FUSÉE, LA SEMAINE DERNIÈRE...
DONC S'IL SE PÈTE LA JAMBE ET QUE JE LE REMPLACE...
et des colliers avec ses ongles
JE SERAI OBLIGÉ DE PORTER SES FRINGUES !
thom_astro : flying like a nice butterfly :p
20 cm
BREF, TOUTES LES JOIES DE LA QUARANTAINE, JE LES CONNAIS.
GNNN
ALORS LÀ, J'AI PRIS LE JOURNALISTE ET JE LUI AI DIT : "HÉ ! TU TOUCHES PAS À YOURI !"
"DONNE TON APPAREIL PHOTO", JE LUI AI DIT.
J'AIME PAS LES ÉCHECS.
FAIS COMME SI
LES CENTAINES DE PHOTOS DÉDICACÉES...
... KOROLEV M'A DIT : "CALME-TOI, SACHA !"
LES VISITES PROTOCOLAIRES...
MUSEE GAGARIN
I ♥
clic
VOICI LE LIT OÙ GAGARINE A DORMI LA VEILLE DE SON DÉCOLLAGE !
IL AIMAIT LES MATELAS DOUX ET FERMES, COMME LUI.
DIVERSES PHOTOS BUCOLIQUES...
J-10
THÉ LAPPÉ PAR LAÏKA AVANT SON DÉPART...
clic
LES TRADITIONS CULINAIRES.
... ALORS J'AI ARRACHÉ LA PELLICULE DE SON APPAREIL ET JE LUI AI FAIT BOUFFER !
SLUURP !
HA HA HA !
DÉCOLLAGE -9 JOURS

PLANTER DES ARBRES DANS "L'ALLÉE DES HÉROS"...
DÉCOLLAGE -7 JOURS
AH BEN C'EST SÛR, CELUI DE YOURI EST LE PLUS GROS.
IL EST OÙ LE TIEN, PEGGY ?
Юрий Гагарин 1961*
LÀ-BAS, JE L'AI PLANTÉ 40 ANS PLUS LOIN.
* Youri Gagarine
PAS MAL !
clic
П. УИТСОН 2007*
* P. Whitson
JE CROIS QUE LE MIEN EST EN TRAIN DE CREVER !
Олег Новицкий
C'EST JUSTE L'HIVER, OLEG...
* Oleg Novitski
VOICI LE VÔTRE, THOMAS.
ENFIN L'EMPLACEMENT DE VOTRE ARBRE.
néant
rien
PUISSE CET ARBRE MONTER VERS LES CIEUX QUE VOUS-MÊME AUREZ CONQUIS !
MERDE ! MAIS IL EST MINUSCULE LE MIEN !
BON, INUTILE DE TE DIRE QUE C'EST PAS VRAIMENT UNE SAISON POUR PLANTER UN ARBRE.
MÊME LE SOL N'EN VEUT PAS.
SUPER, BON AUGURE !
C'EST SÛR QU'IL VA PAS FAIRE LONG FEU. LE VENT KAZAKH N'EN FERA QU'UNE BOUCHÉE.
ON LE REMPLACERA AU PRINTEMPS.
À TON RETOUR.
ПЕСКЕ ТОМА 2016

PAR CONTRE, POUR MA FAMILLE, TOUT SERA NOUVEAU : LA VILLE...

LA QUARANTAINE...

ET ME PARLER À TRAVERS UNE VITRE, COMME AU PARLOIR.

C'EST L'ASTRONAUTE QUI A VOULU ALLER DANS L'ESPACE, PAS SES PROCHES.

MÊME SI L'ASTRONAUTE NE MONTRERA JAMAIS QUE, SOUS L'ÉCORCE DE SON ÉTOFFE COULE LA SÈVE DU CHAGRIN DE NE PAS TOUCHER SES PROCHES...

... EN VRAI, IL AURA LES BOULES.

COMME LE MORAL D'UN ASTRONAUTE C'EST IMPORTANT, LES AGENCES ONT DÉCIDÉ DE FAIRE QUELQUES EXCEPTIONS À LA QUARANTAINE.
ON A L'AIR BOURRUS COMME ÇA, MAIS ON A UN CŒUR.
ROSCOSMOS
ENFIN, UN CŒUR QUI N'AIME PAS ENTAMER LE BUDGET.
LA FAMILLE TRÈS PROCHE PEUT APPROCHER SON ASTRONAUTE, MAIS À UNE CONDITION : PASSER LA VISITE MÉDICALE.
ATTENTION, Y A UN PIÈGE.
GAGARINE
GAGARINE
GAGARINE
GAGARINE
YOURI
LE BONHEUR DE VOIR EN CHAIR ET EN OS SA FAMILLE NE DÉPENDANT QUE DU VERDICT D'UN SEUL MÉDECIN, CE DERNIER A POUR SURNOM "DOCTEUR NO".
Blic! 37°5
C'EST BON.
C'EST TOUT ?
OUAIS, EN VRAI JE SUIS PLUTÔT "DR MAYBE".
APRÈS CETTE FORMALITÉ, L'ASTRONAUTE PEUT RENCONTRER SA FAMILLE, DE PRÈS.
QUI VA MOURIR ?
PERSONNE, MAMAN ! JE PARLAIS DE L'ARBRE QUE J'AI PLANTÉ !
IL VA MOURIR...
SI JEUNE !
L'ARBRE !!! PAS MOI !
LE PAUVRE...
MAMAN, VOILÀ COMMENT LES PROCHAINS JOURS VONT SE PASSER...
ÉCOUTE BIEN.
DEUX JOURS AVANT LE DÉCOLLAGE, À 7H, LA TRADITION VEUT QUE VOUS ALLIEZ AU COSMODROME.
THOMAS VA NOUS REJOINDRE ?
SURTOUT PAS !
BRR.
?
LES ASTRONAUTES N'ONT PAS LE DROIT DE VOIR LEUR FUSÉE AVANT LE DÉCOLLAGE. LES RUSSES PENSENT QUE ÇA PORTE MALHEUR.

DE CE HANGAR AU MILIEU DE NULLE PART, LES RUSSES PROCÈDENT AU ROLL-OUT : LA SORTIE DE LA FUSÉE DE SON HANGAR.

APRÈS L'ÉRECTION DE LA FUSÉE, IL Y AURA QUELQUES JOURS DE RÉPIT. ON NE VA PAS SE MENTIR, PERSONNE NE DORMIRA TRÈS BIEN.

LA VEILLE DU DÉPART, IL Y AURA UNE CONFÉRENCE DE PRESSE. APRÈS, TOUT IRA TRÈS VITE.

LE JOUR J COMMENCERA À H -8H50, PAR UNE TOILETTE À LA BÉTADINE.

UN POPE NOUS BÉNIRA.
TIENS !!
PRENDS-TOI CETTE BÉNÉDICTION DANS LA FACE !!!
SPLASH !
À 6H PILE AVANT LE DÉCOLLAGE, ON QUITTERA L'HÔTEL.
YOURI DOUT L'ARBRE DONNE DES FRUITS MÊME EN HIIIVER
OLEEEG !
THOMAAS
PEGGYY
POUR ALLER AU COSMODROME...
THOMAS
DANS UN BÂTIMENT APPELÉ LE MIK-254.
PENDANT QU'ON ENFILERA NOS COMBINAISONS, ON VOUS FERA VISITER LE MUSÉE GAGARINE.
YOURI, SACHANT QU'IL AVAIT 50% DE CHANCES DE MOURIR, N'AVAIT FAIT QUE LA MOITIÉ DE SA VAISSELLE AVANT DE PARTIR.
ELLE DIT QUOI ?
RIEN
PUIS VOUS NOUS REJOINDREZ AU MIK-254 POUR UN DERNIER AU REVOIR. LE DER DES DERS.
ON NE PEUT PAS DIRE QU'À CE MOMENT, ON AURA BEAUCOUP D'INTIMITÉ.
C'EST DONC MAINTENANT QU'IL FAUT EN PROFITER POUR SE DIRE AU REVOIR.
ET APRÈS ?
APRÈS QUOI ?
LE MIK MACHIN ?

17 NOVEMBRE 2016 - DÉCOLLAGE -3H (23H)

*tradition véridique

KLONG

ALLEZ THOMAS !! LA PROXIMAAA ! TU NOUS DIRAS SI Y A DANS CETTE STATION UNE MACHINE À JAMBON !
L -20 MIN.
L -5 MIN.
L -7 SEC.
FRRRR
OH MY GOD

DÉCOLLAGE +30 SEC
HO !
YEAH !
BUZZ ALDRIN !
PAS TROP TÔT !
J'AI BIEN CRU QUE JE MOURRAIS AVANT QU'IL NE PARTE, CELUI-LÀ !
DÉCOLLAGE +40 SEC
JE SUPPOSE QUE VOUS VOUS DITES QUE C'EST SUPER.
IL EST PARTI.
LA FUSÉE A QUITTÉ LE SOL SANS PÉTER, Y A PLUS QU'À RENTRER À LA MAISON.
+60 SEC
POURTANT, QUAND ON REGARDE LES "OFFICIELS"...
C'EST ENCORE UN PEU TENDU DU SLIP.
ARG, MON ULCÈRE !
RADIATEUR
DODO
MAISON
CAFÉ
LES PROFANES PENSENT QUE C'EST COMME EN AVION.
QU'UNE FOIS QUE ÇA A DÉCOLLÉ, LE PLUS DUR EST FAIT.
BLIC
SOYOUZ THE BEST
Y PASSE QUOI COMME FILM ?
DUTY FREE
CHIPS
"ARMAGEDDON". EN RUSSE.
ALORS QU'IL Y A PLUSIEURS ÉTAPES FATIDIQUES. COMME À H +159,66 SECONDES, LORSQUE LA FUSÉE, TEL UN KINDER SURPRISE, PERD SA COIFFE, LAISSANT LA CAPSULE SOYOUZ À L'AIR LIBRE.
POP !
COMMANDANT ?
POP
QUOI ?
Y A PAS DE RISQUE QUE LA COIFFE TOMBE SUR DES GENS ?
NAAAAN.
Y A PERSONNE EN DESSOUS.
BIENVENUE EN TERRE INCONNUE AU BORD EXTRÊME DE LA CHINE, CHRISTIAN CLAVIER !
AUCUN ÉTRANGER POUR VOUS EMBÊTER !
GN
J'ESPÈRE...
SCHLLA !
...BIEN

OU ENCORE À LA 529,18e SECONDE, QUAND LA CAPSULE DOIT SE DÉTACHER DU DERNIER ÉTAGE.

À CE MOMENT-LÀ SEULEMENT, LES GÉNÉRAUX PEUVENT ENFIN SOUFFLER.

MAIS PAS LA FAMILLE. CAR LA CAPSULE N'EST PAS ENCORE ARRIVÉE SAINE ET SAUVE À LA STATION !

ET ELLE N'EST PAS RENDUE, LA CAPSULE SOYOUZ. CE SERAIT TROP SIMPLE.

DIEU*, DANS SA BONTÉ, A VOULU FAIRE DES LOIS PHYSIQUES UN PEU PLUS FUN DANS L'ESPACE QUE SUR TERRE.

* (vue d'artiste)

IMPOSSIBLE D'ALLER EN LIGNE DROITE DANS L'ESPACE. POUR S'ÉLOIGNER DE LA TERRE, IL FAUT LE FAIRE EN TOURNANT AUTOUR.

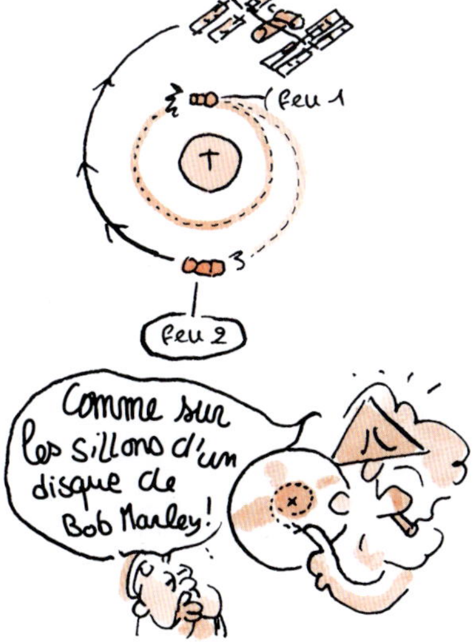

POUR COMPLIQUER LE TOUT, CHAQUE ORBITE A SA VITESSE, COMME DANS LES COULOIRS DE PISCINE.

BREF, IL FAUDRA ENTRE 6 ET 48 H POUR REJOINDRE LA STATION.

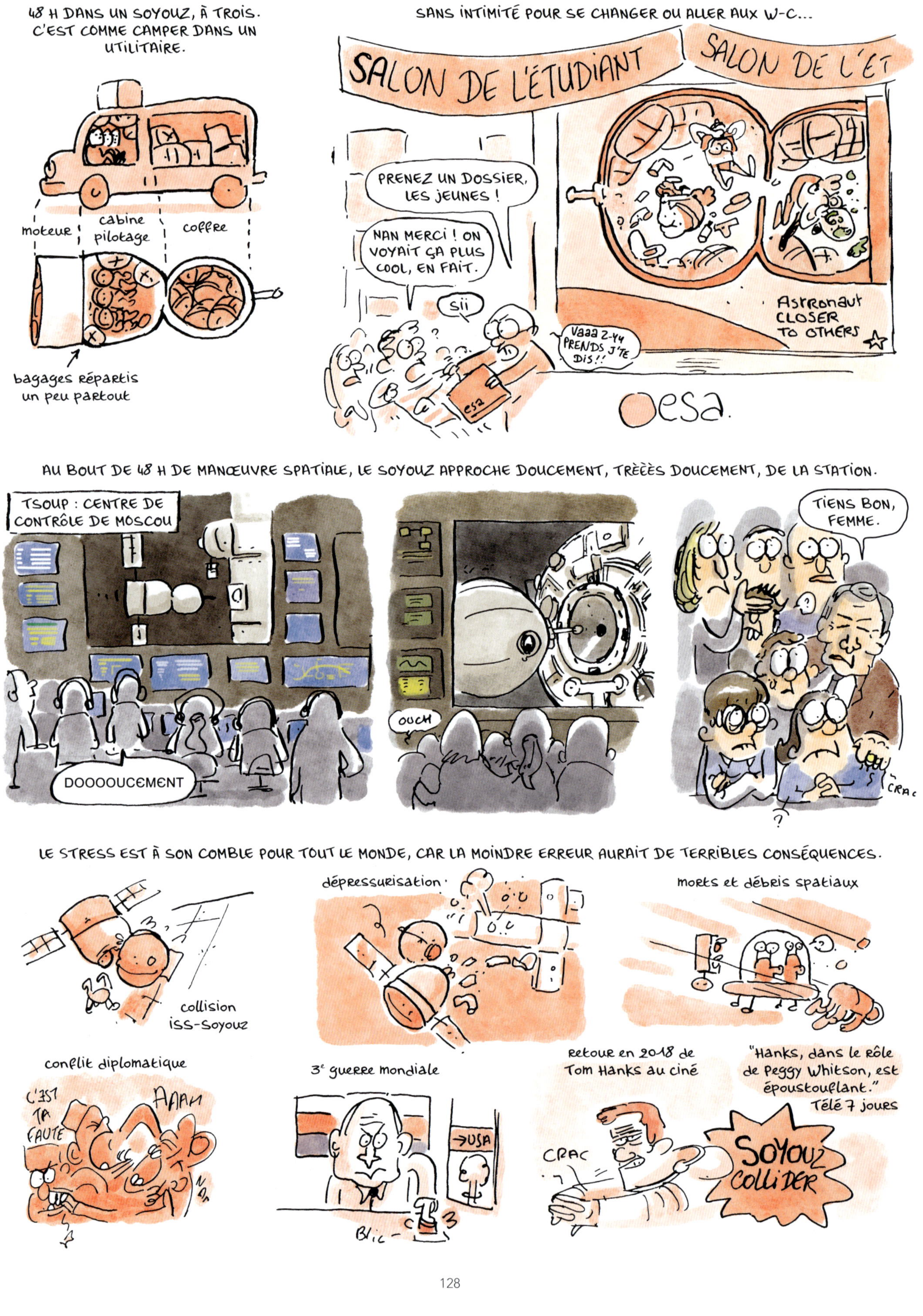
48 H DANS UN SOYOUZ, À TROIS. C'EST COMME CAMPER DANS UN UTILITAIRE.
moteur
cabine pilotage
coffre
bagages répartis un peu partout
SANS INTIMITÉ POUR SE CHANGER OU ALLER AUX W-C...
SALON DE L'ÉTUDIANT
SALON DE L'ÉT
PRENEZ UN DOSSIER, LES JEUNES !
NAN MERCI ! ON VOYAIT ÇA PLUS COOL, EN FAIT.
SII
VAAA Z-Y PRENDS J'TE DIS !!
ASTRONAUT CLOSER TO OTHERS
esa
esa
AU BOUT DE 48 H DE MANŒUVRE SPATIALE, LE SOYOUZ APPROCHE DOUCEMENT, TRÈÈÈS DOUCEMENT, DE LA STATION.
TSOUP : CENTRE DE CONTRÔLE DE MOSCOU
DOOOOUCEMENT
OUCH
TIENS BON, FEMME.
CRAC
LE STRESS EST À SON COMBLE POUR TOUT LE MONDE, CAR LA MOINDRE ERREUR AURAIT DE TERRIBLES CONSÉQUENCES.
collision iss-Soyouz
dépressurisation
morts et débris spatiaux
conflit diplomatique
C'EST TA FAUTE
AAAH
3e guerre mondiale
→USA
Blic
Retour en 2018 de Tom Hanks au ciné
"Hanks, dans le rôle de Peggy Whitson, est époustouflant." Télé 7 jours
CRAC
SOYOUZ COLLIDER

SOYOUZ À 10 CM DE LA CIBLE...
7 CM... 6... 3...
CONTACT !
OUAAAAIS !
CLAP CLAP
ISS
ON PEUT VOIR ANDREÏ OUVRIR LE SAS.
ISS
OUVERTURE DE LA PORTE DU SOYOUZ.
BRLONG
ISS
THOMAS PESQUET, PEGGY WHITSON ET OLEG NOVISKY ENTRENT DANS LA STATION, ACCUEILLIS PAR SHANE KIMBROUGH, ANDREI BORISENKO ET SERGEI RYZHIKOV.
JE VAIS SUPER BIEN !
TOUT S'EST BIEN PASSÉ.
ON N'EST MÊME PAS MALADES !
ET ON A MÊME TRÈS BIEN DORMI DANS LE SOYOUZ.
BEN VOILÀ ! LÀ, ON A FINI LE DÉCOLLAGE, ET EN BEAUTÉ.
TOUT DE MÊME PAS SORCIER.
L'ENFLURE ! IL A L'AIR PLUS FRAIS QUE NOUS !

– Ce qui m'a le plus impressionné, c'est la vue de la Terre… Et en arrivant sur l'ISS, c'est la taille de la station spatiale. Elle est immense, c'est une vraie station spatiale, comme dans les films, comme dans *Star Wars*.

THOMAS PESQUET

LA STATION SPATIALE. LA TAILLE D'UN TERRAIN DE FOOT (AMÉRICAIN), LE VOLUME HABITABLE D'UN GROS BOEING. C'EST LÀ-DEDANS QUE JE VAIS PASSER MES SIX MOIS DE MISSION.

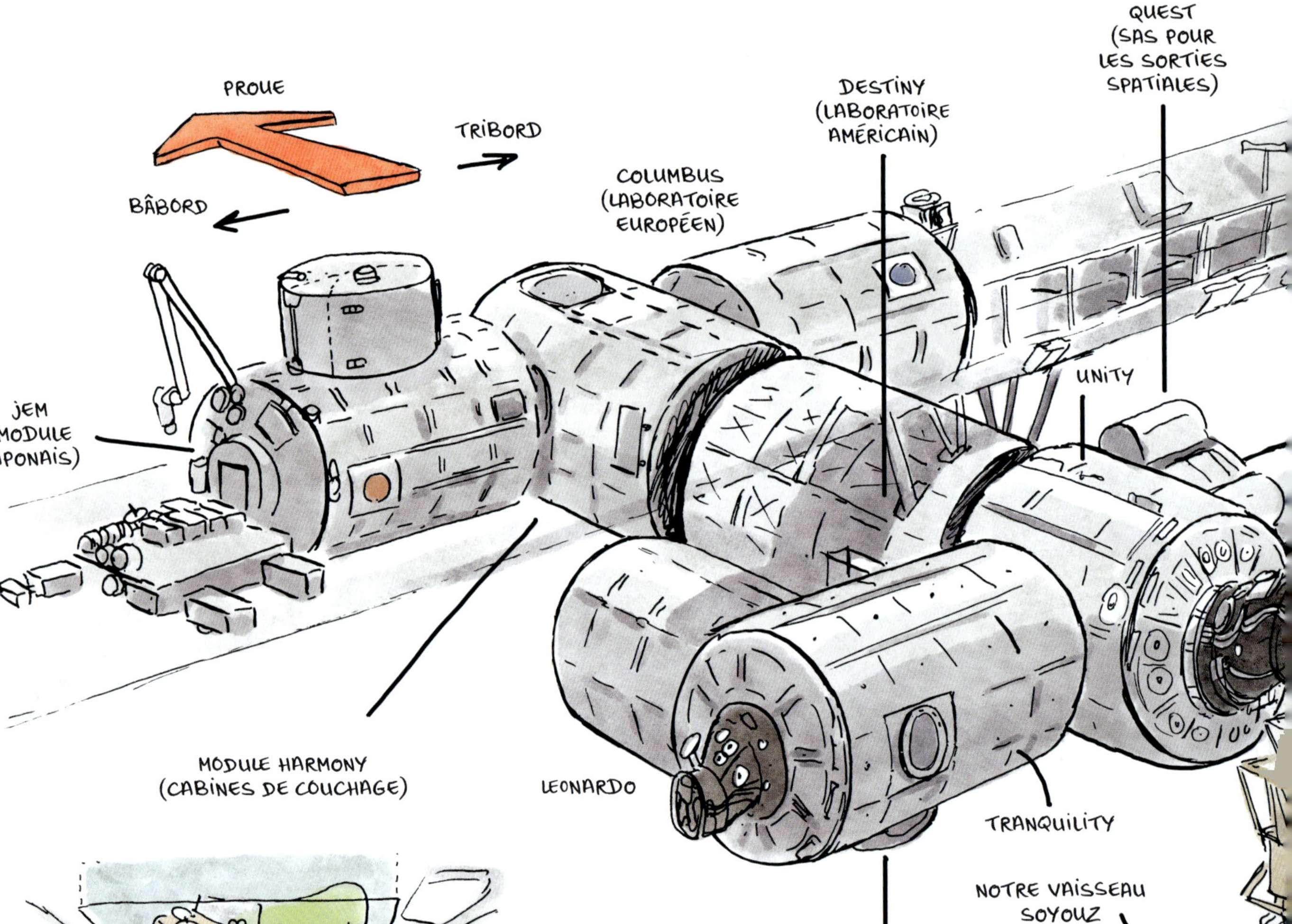

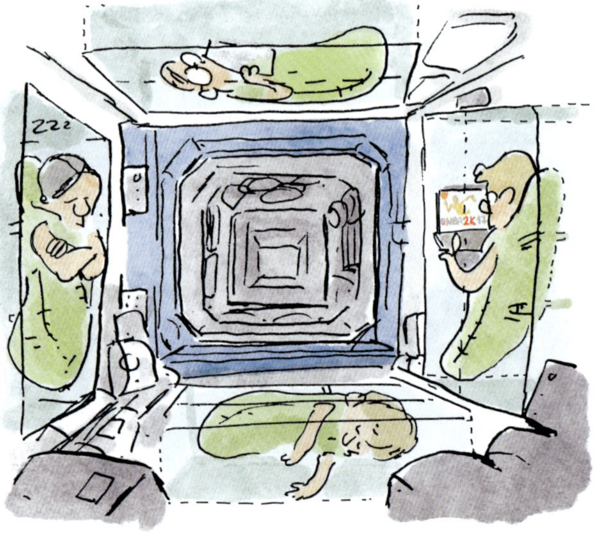

CUPOLA – VERRIÈRE EN FORME DE DÔME

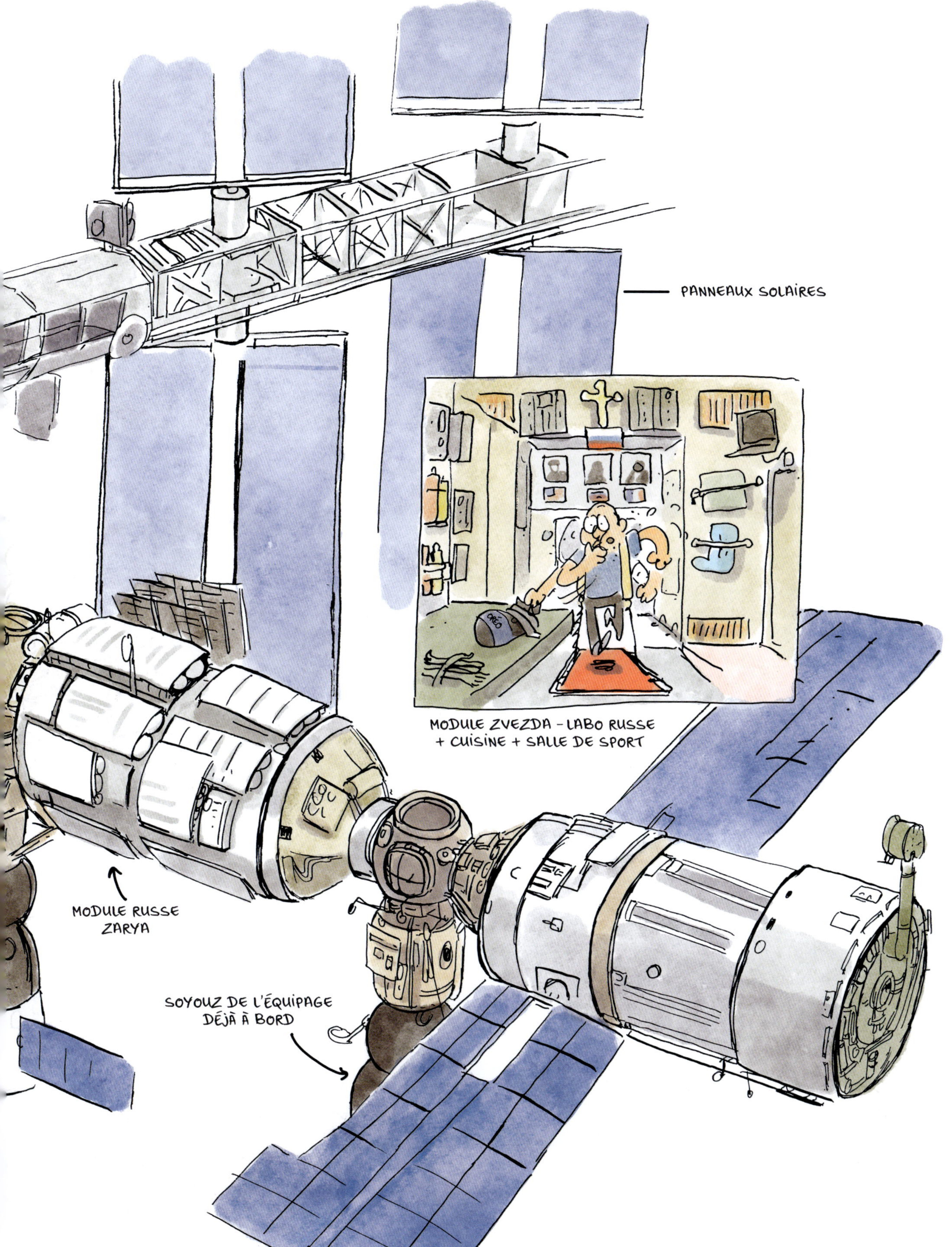
PANNEAUX SOLAIRES
ORÉO
MODULE ZVEZDA - LABO RUSSE
+ CUISINE + SALLE DE SPORT
MODULE RUSSE
ZARYA
SOYOUZ DE L'ÉQUIPAGE
DÉJÀ À BORD

HAHA!HA! !HA!HA!HA!HA!
BAM!

L'IMPESANTEUR, CETTE TRAÎTRESSE.
HA HA ! ÇA VA VENIR, ROOKIE !
J'ALLAIS TROP VITE... J'SUIS COMME ÇA, MOI TU SAIS, JE FONCE, J'AI PAS PEUR.
ÇA VOLE PARTOUT QUAND TU POSTILLONNES.
L'IMPESANTEUR EST UNE JUMENT FOLLE, JE VAIS APPRENDRE À LA DOMPTER.
VAS-Y JUSTE DOUCEMENT DANS LES VIRAGES, COW-BOY.
QUAND ON VOIT UN ASTRONAUTE FLOTTER AVEC GRÂCE DANS SA STATION...
instagram
Thom_astro
15 256 likes
Thom_astro : fastoche de soulever 150 kg !
... SUR TERRE, Y A DE QUOI ÊTRE JALOUX.
GNN ! COMME J'ENVIE THOMAS PESQUET !
COMME J'AI ENVIE DE THOMAS PESQUET !
ON EST TENTÉ DE PENSER QUE L'ORGANISATION DE L'UNIVERS EST TOTALEMENT INJUSTE ET BIPOLAIRE.
allégresse
TERRE
fucking gravité
chutes qui font bobo
zéro rigolade
Poids à supporter
joie
RESTE DE L'UNIVERS
grâce
ET DE SE DIRE QUE TOUT CELA N'EST QU'UNE QUESTION DE FRONTIÈRE OU D'ALTITUDE. ET QUE SI ON POUSSE UN PEU VERS L'ESPACE, AU-DELÀ DU PÉRIPH' DE L'ATMOSPHÈRE...
MONDE CRUEL
SPACE X
ON ATTEINT LA ZONE "LIBRE" : L'IMPESANTEUR.
Welcome to ZÉRO GRAVITÉ
KAAA !
CHOUCHOU ! QUI VEUX DES CHOUCHOUS ?
ET DEVINEZ QUOI : C'EST PAS SI SIMPLE.
SPOUICH

ÊTRE EN IMPESANTEUR NE SIGNIFIE PAS "ZÉRO GRAVITÉ" (C'EST IMPOSSIBLE), MAIS VEUT DIRE QUE LES EFFETS DE LA PESANTEUR SONT ANNULÉS. COMME QUAND ON EST EN CHUTE LIBRE.
fameuse chute interminable du "Seigneur des Anneaux".
PAF!
GANDALF EST TOTALEMENT EN IMPESANTEUR MAIS C'EST UN PEU DUR À VOIR CAR IL N'ÉVOLUE PAS DANS LE VIDE.
HO ! T'AS VU ?!!
PAR CONTRE, SI ON POUVAIT REGARDER CE QUI SE PASSE DANS CES DEUX GUGUSSES, IL N'Y AURAIT AUCUN DOUTE.
TIENS, J'AI DU BISCUIT ELFIQUE DANS LE NEZ...
fromage de Hobbit
tube de Gaviscon
OR C'EST EXACTEMENT CE QUE FAIT LA STATION : CHUTER. ELLE CHUTE SANS CESSE VERS LA TERRE (CAR À 400 KM, IL Y A ENCORE BEAUCOUP DE GRAVITÉ).
COMME ELLE VA TRÈS VITE, ELLE TOMBE INDÉFINIMENT, MAIS EN RATANT LA TERRE.
Allégorie approximative
Terre
gravité
ISS
force centrifuge
C'EST CONTRE-INTUITIF, J'AVOUE.
AAH! MON T-SHIRT!
ET POUR CE QUI EST DES SENSATIONS, C'EST DUR À EXPLIQUER.
TOM HANKS
COLLIDER
"IL A TOUT CASSÉ"
HO
"J'AI PAS FAIT EXPRÈS"
TOM HANKS, DITES-NOUS COMMENT VOUS AVEZ PRÉPARÉ VOTRE RÔLE !
EH BIEN JE SUIS ALLÉ VOIR DES ASTRONAUTES VÉTÉRANS AFIN DE M'IMPRÉGNER DE LEUR VÉCU EN IMPESANTEUR.
T'AS LE CONTENU DE TON BIDE QUI REMONTE.
ALORS LES PREMIERS JOURS, TU GERBES POUR UN RIEN.
TU SENS AUSSI TES VISCÈRES FLOTTER.
ALORS TU PÈTES TOUT LE TEMPS.
TU RESSEMBLES AUSSI À UN HAMSTER PARCE QUE TON CŒUR ENVOIE TROP DE SANG À LA TÊTE.
PUFFY FACE
RÉSULTAT : T'AS MOINS D'ODORAT.
ET T'AS MAL AU CRÂNE.

COMME L'URINE NE TOUCHE PLUS LES PAROIS DE LA VESSIE...
... ELLE NE DÉTECTE PAS QUAND ELLE EST PLEINE.
À CAUSE DE ÇA, J'AI EU UN PAQUET DE CALCULS RÉNAUX...
C'EST PLUS DES REINS QUE J'AVAIS, C'ÉTAIENT DES GRELOTS.
HA HA !
SOUPIIIR
BON DIEU D'BOIS ! QU'EST-CE QUE JE NE DONNERAIS PAS POUR Y RETOURNER !
C'ÉTAIT SUPER !
FAIS COMME NOUS, POUR LES REPAS, METS TON T-SHIRT LE PLUS POURRI.
?
HAAA ! C'ÉTAIT DONC ÇAAA...
TU SAIS, DANS LES ANNÉES 50, ON DOUTAIT QU'ON PUISSE MANGER EN IMPESANTEUR.
ON AVAIT PEUR QUE LA NOURRITURE REMONTE DE L'ŒSOPHAGE OU AILLE DANS LE NEZ.
ON NE SAVAIT PAS NON PLUS SI LE CŒUR TIENDRAIT LE COUP...
SOAP
SI LA RÉTINE N'ALLAIT PAS SE DÉFORMER...
DÉSOLÉ LES GARS !
IMPOSSIBLE DE FAIRE LA LESSIVE DANS L'ESPACE.
ET LES ASTRONAUTES DEVENIR AVEUGLES !
!
C'EST PAS UNE MACHINE À LAVER...
CE SONT DES TOILETTES SPATIALES.

EST-CE QUE LA DIGESTION SERAIT POSSIBLE DANS L'ESPACE ?
W-C
HMMM
COMMENT SE COMPORTERAIENT LES CARBURANTS DANS LES MOTEURS ?
BRRRRRRRRRR
LE SOMMEIL SERAIT-IL PERTURBÉ ?
GOOD NIGHT, SHANE !
'NIGHT, THOMAS.
POURRAIT-ON BOSSER EN IMPESANTEUR ?
BONNE NUIT LES GARS !
BONNE NUIT
SURVIVRAIT-ON AUX RADIATIONS ?
ET SURTOUT, NIVEAU SANTÉ MENTALE...
?
UNE FOIS FACE À LA TERRE...
COOL !
L'HOMME PERDRAIT-IL LA TÊTE ?

LE MATIN, CONTRAIREMENT À CE QU'ON RACONTE, NOUS NE SOMMES PAS RÉVEILLÉS PAR DE LA MUSIQUE CHOISIE PAR LA NASA (OUF).
♫ OOH BAD SHERIF BURNED MY BOOTS AND KILLED MY COWS ♫
ON DOIT JUSTE ÊTRE PRÊTS À 7H POUR LE BRIEFING AUDIO.
COUCOU LES LOULOUS !
BIEN DORMI ?
ON VOUS A CONCOCTÉ UN PLANNING DE WINNERS POUR AUJOURD'HUI, LES ENFANTS !
NASA BOSS
NASA
CAPCOM
ISS CAHIER DE TEXTE
ON POURRAIT CROIRE QU'ON VA PASSER LA JOURNÉE À FAIRE DES TRUCS COOLS, SI POSSIBLE EN COMBI SPATIALE.
8H 9H 10 11 12 13 14
SHANE K. REGARDER LES ÉTOILES EPS (MOLLO) LUNCH PROMENADE
ANDREÏ COUCOU À LA CAMÉRA SELFIES LUNCH EPS
PEGGY W. GALIPETTES SELFIES FAIRE VOLER DES BULLES D'EAU
THOMAS P. INTERVIEW PUJADAS TWITTER LUNCH JOUER DU SAXO
OLEG
SHANE ET ANDREÏ, À 14H VOUS SORTIREZ TESTER VOS COMBIS.
FAITES PLEIN DE PHOTOS !
CET APRÈS-MIDI, OLEG ET THOMAS, VOUS CAPTUREREZ UN ASTÉROÏDE, ON VEUT L'OR QUI EST DESSUS.
PEGGY… TU VAS DIRIGER L'ANTENNE 13T ALPHA DU CENTAURE, DES E.T. SEMBLENT VOULOIR NOUS CONTACTER.
EN FAIT C'EST SURTOUT UNE SUCCESSION DE TÂCHES CHRONOMÉTRÉES TRÈS TECHNIQUES, SOUS FORME D'ACRONYMES BARBARES. ET ON RESTE EN T-SHIRT-CHAUSSETTES.
9 10 11 12 13 14 15
SHANE W TR P/V FLOW FS-AJE MOOD-LD Φ-HDL LAP T CN TR
SERGEÏ BL B EXC-T2 RT CONFIG-CHF TYS CI CLI IRS
ANDREI B B TMI-S FUDIX-DRD COЖ-X ГПП-IS CП- PRED
PEGGY SM-TGF BG IK K Kp SPRT TVL-C T-4
OLEG DGT IMS-ОБОБ-SEARCH ПОКИ HSE/1 ЕВД-Э-МВИ
PESQUET COL-SM4 D DT SSCL L R LD A2-TP3-ND3 MONITORING CLT4
BON BEN VOILÀ.
UNE PETITE JOURNÉE SOMME TOUTE BIEN CALME.
GROSSO MODO, LA MOITIÉ DU TEMPS DE TRAVAIL, ON FAIT DE LA MAINTENANCE DE LA STATION.
EN CADEAU DE BIENVENUE, TU RÉPARERAS LES W-C QU'ONT CASSÉ LES GARS LA SEMAINE DERNIÈRE.
THANKS GUYS !
YOU'RE WELCOME, PEG !
L'IMPESANTEUR NOUS A NIQUÉ LE BIDE, SORRY !
L'AUTRE CONSISTE À FAIRE DE LA RECHERCHE, SOIT EN TANT QUE COBAYE…
SHANE, CE MATIN, TU NOUS FAIS TES ÉCHANTILLONS D'URINE. ET TU FAIS ÇA BIEN !!!
CETTE FOIS, ON T'OBSERVE.
… SOIT EN TANT QUE TECHNICIEN.
ET TOI THOMAS, TU VAS BOSSER DANS LE MODULE-LABO COLUMBUS.
BOSS NASA
POUR ÇA, TU SERAS EN RELATION AVEC LE "CADMOS".

*Centre d'Aide au Développement des activités en Micropesanteur et des Opérations Spatiales.

DANS LA STATION, IL Y A DES CENTAINES D'EXPÉRIENCES, RÉPARTIES DANS DES RACKS PLACÉS... UN PEU PARTOUT.

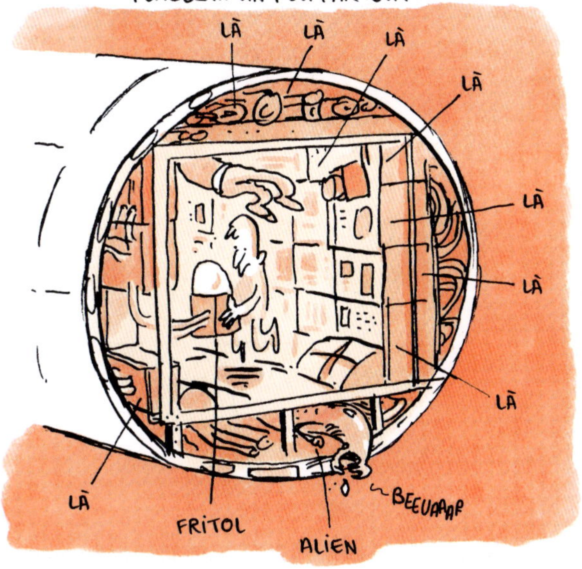

OR ON NE PEUT PAS ENVOYER CHAQUE CHERCHEUR GÉRER SON EXPÉRIENCE.

C'EST À L'ASTRONAUTE DE LES REMPLACER.

CE QUI SIGNIFIE POUR LUI DES CENTAINES DE MODES D'EMPLOI DE MACHINES COMPLEXES À APPRENDRE ET D'INSTALLATIONS À SAVOIR MANIPULER.

VOUS IMAGINEZ LA PRESSION ?

Article 453 : never fail

POUR ÇA, ON N'EST JAMAIS VRAIMENT SEUL.
BZZZZ
BZZZ
LES AGENCES SPATIALES SUIVENT TOUT CE QU'ON FAIT.
NOM DE DIEU, IL VISSE LE BOULON 45 !
CADM
La science du Bolosse
MAIS PAS LE CHERCHEUR QUI A CRÉÉ LA MACHINE SUR LAQUELLE VOUS BOSSEZ.
FAIS PAS ÇA DUCON ! ÇA NE SE VISSE PAS LÀ !!
BRAVO LE GARS ! BAC +12
NO
D'ABORD PARCE QU'ON NE CRIE JAMAIS SUR UN ASTRONAUTE...
ALORS, IL PARAÎTRAIT QU'IL EST ÉVENTUELLEMENT POSSIBLE QUE TU TE SOIS SUBREPTICEMENT TROMPÉ DE BOULON.
OK
GNNN !
T'ES SUPER
ON T'AIME
OUI
ENSUITE PARCE QU'EN CAS DE PROBLÈME, RIEN NE SE FAIT SUR UN COUP DE TÊTE.
Prenez le cas de mon collègue allemand, Alexander Gerst (juin 2014).
Alles hat ein Ende ohne die Wurst die zwei Hat ! Hoooo
BZZZ
FOUR À LÉVITATION ÉLECTROMAGNÉTIQUE
BONK !
?!!
WAS ?
GROUND CONTROLEN !! ICH HABE EIN PROBLEM !
IL Y A UNE VISSE BLOKIERTE !
IMPOSSIBLE DE LA RETIRER !
JE FAIS QUOI ?! J'AI 43 EXPÉRIENCES À FAIRE POUR AUJOURD'HUI !

PASSE À LA TÂCHE SUIVANTE DU PLANNING !
ON VA ANALYSER LE PROBLÈME AVEC LES EXPERTS.
Zen
— PAS CRIER — CHRISTOPHE ANDRÉ
Blic
Y A UNE VIS QUI COINCE TOUT !!
HMM !
12 juin 2014
CETTE VIS QUI DÉPASSE, POURQUOI IL NE LA LIME PAS TOUT SIMPLEMENT ?
POUR QUE DE LA POUDRE DE MÉTAL VOLE PARTOUT ET ENTRE DANS SES YEUX ?
DAMN !
DUPLEX MERKEL-ISS
C'EST L'ÉMOTION DE VOUS VOIR, FRAU MERKEL.
MEIN GOTT !
15 juin 2014
CELLULE OF CRISE
chandelier
vis
colonel Moutarde
Angela
moral de l'Europe
Alex
ON A UN MINI-APOLLO 13, LÀ...
DEUX SEMAINES PLUS TARD...
ON A TROUVÉ, ALEX...
SUPER. JE SUIS TOUT OUÏE !
TU VAS LIMER LA VIS. MAIS TU VAS LA BADIGEONNER DE MOUSSE À RASER AVANT.
POUR PROTÉGER TES YEUX.
C'EST BIEN CE QUE TU FAIS, T'ES SUPER !
SCHRRR SCHRR
MENNEM
LA MOUSSE des ASTRONAUTES les VRAIS Hommes
PFFR
nouvel emballage
PARCE QUE J'EXIGE LE MEILLEUR !

13-17H : APRÈS UN CASSE-CROÛTE, REPRISE DU BOULOT. MÊME SI ON EST PHYSIQUEMENT SIX DANS LA STATION...
SHANE
THOMAS
SERGEÏ
OLEG ET ANDREÏ
PEGGY
VOUS N'AVEZ PAS IDÉE DU NOMBRE DE PERSONNES QUI NOUS SUPERVISENT DEPUIS LA TERRE. SI JE PRENDS UN OUTIL PAR EXEMPLE, JE FLASHE SON CODE-BARRES...
BLIP !
CE QUI MET EN JOIE BOB, UN GARS DE LA NASA.
TIENS TIENS TIENS...
Y A PESQUET QUI PREND LA CLÉ À MOLETTE 45.
MISS CLÉ DE 12
BLIP !
NASA
MAIS QU'EST-CE QU'IL VA BIEN POUVOIR EN FAIRE ? QUEL SUSPENSE.
SON RÔLE EST DE TOUT LE TEMPS SAVOIR, EN TEMPS RÉEL, OÙ SE TROUVE QUOI DANS LA STATION, POUR PAS PERDRE DE TEMPS À CHERCHER DES TRUCS.
BOB, J'AI BESOIN DE LA TOURNE-BOULEUSE ZÉRO-4C.
QUELQU'UN, JE NE DIRAI PAS QUI, L'A LAISSÉE DANS LE MODULE DESTINY...
E 12
PASSION OF TOOLS
JE DIRAI JUSTE QUE SON NOM COMMENCE PAR "O" ET FINIT PAR "LEG", MAIS C'EST TOUT.
UN COLLÈGUE FORT SYMPA.
JE PEUX T'EMPRUNTER TON SCOTCH, BOB ?
NAAAAN !
CAR LES OUTILS SE PERDENT FACILEMENT. EN 2015, TIM PEAKE EN A CARRÉMENT RETROUVÉ UN EN PASSANT L'ASPIRATEUR.
WTF !
?
FIIIU
POP
BRRRRR
ÇA FAISAIT DEUX ANS QUE LA NASA EN AVAIT PERDU LA TRACE !
DEUX ANS DE PSYCHOTHÉRAPIE !
2 ANS !
BOUHAAHAAA !
PLUS TARD, JE VOUS PARLERAI DE BILL, LE COLLÈGUE PRÉFÉRÉ DE BOB, QUI, LUI, SUIT LES DÉCHETS FLASHÉS.
BLIP
OH !
PLOC !
PLIC
HO HO ! PESQUET A JETÉ UN KLEENEX !

ENTRE 17 ET 19H, C'EST SPORT OBLIGATOIRE.
APRÈS, ON DÉBRIEFE, DÎNER, TOILETTE...
USHUAÏA
SAVON SANS RINÇAGE
ET QUARTIER LIBRE : SKYPE, MAILS ET LECTURE D'ARTICLES SUR LES PRÉSIDENTIELLES. C'EST CRUCIAL DE SE TENIR INFORMÉ.
L'ÉQUIPE
La « raclée » : OM-PSG (1-5)
KOULAAA !
ET PARFOIS, ON A DES TÂCHES ANNEXES, COMME LA PESÉE. SE PESER EN IMPESANTEUR, VOUS VOYEZ LE DÉFI ?
pèse-personne spatial
ARMED
CLAC !
GO !
BOING BOING BOING !
80 KG
TOUTES CES DONNÉES SONT ÉTUDIÉES AU SOL POUR MIEUX COMPRENDRE COMMENT L'HUMAIN SUPPORTE L'IMPESANTEUR.
CAM ISS 6
ALORS, ÇA AVANCE, LA RECHERCHE ?
ON TROUVE ?
HA HA !
PAS ENCORE, C'EST LONG LA SCIENCE, TU SAIS !
NON PARCE QUE MOI, J'AI TROUVÉ DEUX DÉGOUPILLEUSES ET UNE DÉBOULONNETTE.
EN UNE JOURNÉE
ALLEZ, SALUT !
CLAC !
MAIS QUEL CONNARD, CE BOB !

COUCOU, LES LOULOUS ! BIEN DORMI ?
ÇA VOUS DÉRANGE SI JE METS DE LA MUSIQUE ?
♡ PAS DE PROBLÈME, PEGGY ! FAIS-TOI PLAIS' !
LIKE A CASTOR ON ZE MISSISSIPPIII
YOU TUBE
THOM_ASTRO
00:03
Thom_astro : Aujourd'hui, mécanique des fluides !! :p XD
GOOD MORNING, ISS !
YOU'RE THE BISON OF MY HEART !!
OK, THOMAS, ON PART SUR 120 VOLTS DANS LE MUSCLE TESTICULO-ROTULIEN.
BZZZ
I HAVE A TWO-HEAD COW !
DOUM ! DOUM ! DOUM
La douleur n'est qu'une information ;)
Thom_astro : Matez les cuissots !
NON
NOPE
La science, ça fait mal aux
NAN
Thom_astro : Fier d'être cobaye pour la science. Ici avec la machine qui étudie l'atrophie des muscles.
VOIIILÀ !
PRÊTS POUR UNE NOUVELLE JOURNÉE...
LES LOULOUS ?
LOVE IS LIKE A FIRE AND MY HEART IS ♡ A STEAK ON ZE BARBECUE OF PASSION !
I SAW A DEAD PONYYY !
CLIC CLIC CLIC
HO ! MADRID !
LIKE A CAASTOR ON ZE MISSIISSIPPII !
ON A FAIT LE TOUR DE LA PLAYLIST, LÀ.

COUCOU, LES LOULOUS !!!
ON THE RED MOUNTAIN
COUCOU, LES ENFANTS ! C'EST SYMPA DE FAIRE CE DUPLEX AVEC VOUS DEPUIS L'ESPACE !
VOUS AVEZ DES QUESTIONS ?
C'est THOMAS !
Kiiii !
C'est Wiiii !
SANDY, DE "CE1-MATIN" : PEUT-ON DIRE QUE LA CONQUÊTE SPATIALE RELÈVE DE CETTE ILLUSION NARCISSIQUE DE L'HUMANITÉ, QUI LA MÈNERA À SA PERTE ?
SADO-NARCISSIQUE.
BAISSE L'ÉCHOGRAPHE, JE NE VOIS PAS TON CŒUR.
ET LÀ, TU LE VOIS ? IL EST COMMENT, MON CŒUR ?
LIKE A STEAK ON THE BARBECUE
TU DEVIENS UNE VRAIE STAR NATIONALE, TU SAIS.
ILS DISENT QUE TU ES TROP LISSE.
JE SAIS, ILS DISAIENT PAREIL POUR LUCA ET ALEX.
COUCOU LES LOULOUS !!!
Thom_astro : joie d'aider mon collègue Oleg lors d'une expérience sur la répartition des fluides dans le corps…
3,4 k
didier3 : bonjour thomas, pourié vous photographier Saint-Louis-le-Pecq, dans le Gers ? ça ferait plaisir à la maison de retraite du BlancBonnet
Elea12 : La CIA fait vraiment de beaux phomontages. Réveillez-vous !
C'EST QUOI CE T-SHIRT ?! IL EST TOUT SALE !
C'EST MON T-SHIRT POUR MANGER, MAMAN !
TU METS PAS ÇA POUR TON DIRECT AU "PETIT JOURNAL", HEIN ?!
LIKE A CASTOR !

LUNDI MATIN – ESA
RÉUNION DU SERVICE COM' DE L'ESA
THOMAS NOUS A FAIT 400 PHOTOS CE WEEK-END.
DONT UNE SUPERBE DU MACHU PICCHU.
ON VOIT MÊME UN LAMA Y BROUTER.
OUAH !
TROP FORT !
SANDRA, TU TRADUIS SES STATUTS.
GÜNTER, TU ENVOIES TOUT ÇA AU COMPTE-GOUTTES TOUT AU LONG DE LA SEMAINE SUR LES COMPTES FACEBOOK, TWITTER, INSTA ET FLICKR.
OK !
YEP !
POUR LE LAMA, AJOUTEZ : #LAMA #RESPECTCUTEPETS
MEAH !
YOUHOU !
POSTEZ SURTOUT PENDANT LES HEURES DE TRAVAIL FRANÇAISES !
MAIS TOUT LE MONDE VA PENSER QU'IL N'EN FOUT PAS UNE RAME DE LA JOURNÉE !
OUI MAIS TOUT LE MONDE BOSSE EN REGARDANT FACEBOOK... ALORS ON EST QUITTES.
62k
20k
12k
15k
12k
4k
7,2k
4k
15k
super power !!
Thom_astro : Grand Canyon vu de l'espace ! Tout aussi impressionnant qu'en vrai !
Thom_astro : flying Burger !
47k
Gravity sucks, surtout pour ce qui est de la nourriture !
Thom_astro : baie d'Acapulco
citron. :p
11k
notre soyouz survolant la terre. Good night !
8K
Vous voulez faire plaisir à un françai envoyez-lui du from
32 K
Thom_astro : baie de San Francisco
9k
Thom_astro : losing my sock
14K
12k
7,5K
Adèle-iss : Merci Thomas pour ces formidables photos !! <3 Pourriez-vous vous photographier, avec un avion en papier dans la bouche, écrit dessus : « pour l'association des trapézistes cul-de-jatte de Franche-Comté ». Ce serait super sympa.
Mon chéri d'amour, je te veux. Tout le monde te ment, moi, crois-moi. Je suis propre, je t'attends. Je t'envoie en PV une photo.
trouve ça dégueulasse de avec nos impôts !! Alors la dette ! non mais je ne le pas !
BrebisRebelle : l'ISS sert à envoyer dans l'atmosphère des ondes subsoniques destinées à nous rendre dociles !!! Réveillez-vous !!! mon site : www.hoaxquidémontetatête.com
comment'hair : c'est si beau ! Dieu a créé tant de merveilles... Merci de nous montrer la beauté divine Thomas, tu es le prophète spatial

VISUALISEZ UNE JOURNÉE AU BOULOT AVEC VOS COLLÈGUES : VOUS VOUS SUPPORTEZ PARCE QUE VOUS VOUS VOYEZ 8-9 HEURES PAR JOUR, ET PAS LE WEEK-END.

MAINTENANT, IMAGINEZ CETTE VIE AU BUREAU MAIS NON-STOP, 24 HEURES SUR 24… 7 JOURS SUR 7… PENDANT SIX MOIS.

AJOUTEZ-Y LES CONTRAINTES D'UNE STATION SPATIALE : ESPACE CONFINÉ, AVEC TRÈS PEU D'INTIMITÉ…

UN BRUIT DE FOND NON-STOP COMME EN AVION (SOIT 50 DÉCIBELS, LE BRUIT D'UNE MACHINE À LAVER).

DES CONTACTS AVEC VOS PROCHES QUE PAR TÉLÉPHONE OU PAR SKYPE.

IMPOSSIBLE DE LES TOUCHER OU DE LES SENTIR.

AVEC TOUT CE STRESS, ON PEUT COMPRENDRE QUE VOUS AYEZ BESOIN DE DÉCOMPRESSER.

Pichon24 : gros gros délire à la machine à café !!! faut bien rire un peu !

IL FAUT NIER UN SIÈCLE DE RECHERCHES EN PSYCHOLOGIE POUR CROIRE QU'UN HUMAIN EST PARFAIT ET QU'IL PEUT BOSSER NON-STOP SANS JAMAIS DÉCONNER.

CERTAINS ASTRONAUTES RIVALISENT DE BLAGOUNETTES (HORS CAMÉRA) POUR DÉCOMPRESSER. MENTION SPÉCIALE À BILL SHEPHERD.

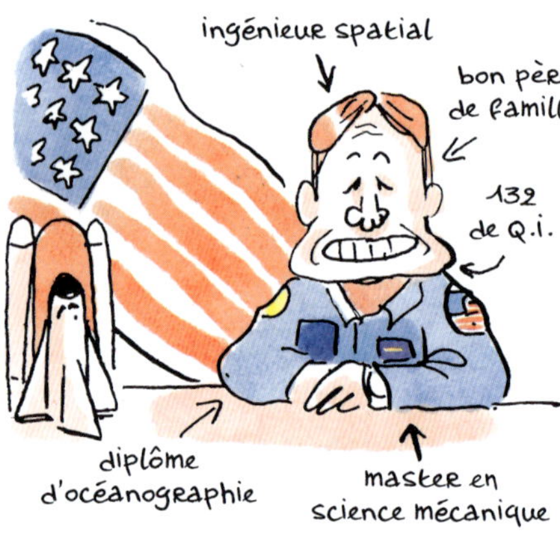

OH MY GOD SORRY, I HAD A LITTLE ACCIDENT IN THE TOILETS.
TOILETS
POC !
HA HAAA AAA
HAAAAA !
HOP
HAAA
ET LÀ... IL L'A MANGÉ !
HA ! HA ! HA !
HA HA ! C'EST DÉGUEULASSE.
TV
TU CROIS ÇA, OLEG ?
REMETS-T'EN, PARCE QUE TU PASSES À L'ANTENNE DANS TROIS...
HI ! HI ! HI !
DEUX...
UN...
J'EN PEUX PLUS.
UNE QUESTION D'IMPORTANCE TARAUDE LA FRANCE : QUE MANGENT LES ASTRONAUTES, SURTOUT À NOËL.
20
ALLÔ, THOMAS ? VOUS NOUS RECEVEZ ?
LIVE
OUIIIII TOUT À FAIT, DAVID.
TRÈS IMPORTANT, LA NOURRITURE DANS L'ESPACE...
TRÈS.
POUR LE MORAL, TOUT ÇA...
ALORS ON FAIT ATTENTION À PAS GÂCHER...

MAINTENIR EN VIE DES ASTRONAUTES DANS L'ESPACE, C'EST PAS UNE MINCE AFFAIRE. IL FAUT LEUR DONNER LA BONNE TEMPÉRATURE, LA BONNE PRESSION, LEUR DONNER DE L'EAU À BOIRE, LES FAIRE RESPIRER. ET TOUT ÇA, C'EST LE JOB DE L'ECLSS*.

L'ECLSS VA PAR EXEMPLE RÉCUPÉRER LA CONDENSATION ET LA TRANSPIRATION DES ASTRONAUTES PAR LES GRILLES D'AÉRATION ET LEUR URINE, POUR LES RECYCLER EN EAU POTABLE.

*Environmental Control and Life Support System

AVEC CETTE EAU ET L'ÉLECTRICITÉ PRODUITE PAR LES PANNEAUX SOLAIRES, IL VA AUSSI PRODUIRE DE L'OXYGÈNE PAR ÉLECTROLYSE (SOUVENEZ-VOUS DE VOS COURS DE LYCÉE).

À CÔTÉ, IL VA AUSSI S'OCCUPER D'ÉVACUER LE TROP-PLEIN DE CHALEUR DANS L'ESPACE.

IL S'ENQUIERT AUSSI DU TAUX D'HUMIDITÉ ET DE PLEIN D'AUTRES TRUCS COMPLEXES.

MAIS IL NE PEUT PAS TOUT ASSURER EN VASE CLOS PENDANT DES ANNÉES.

SANS RAVITAILLEMENT DE CARBURANT, D'EAU OU D'OXYGÈNE, IL N'Y ARRIVE PLUS SEUL.

LES AGENCES SPATIALES ENVOIENT DONC RÉGULIÈREMENT DE QUOI SOUTENIR LE SYSTÈME "SUPPORT VIE".

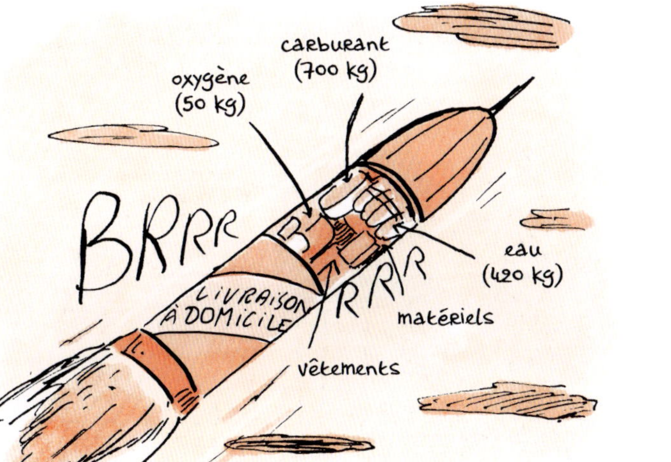

ON PROFITE DE CES CARGOS POUR ENVOYER DE LA NOURRITURE OU DES VÊTEMENTS DE RECHANGE.
VOUS M'AVEZ DONNÉ UNE PAIRE DE CHAUSSETTES POUR DEUX SEMAINES.
BON COURAGE AVEC DEUX HEURES DE SPORT PAR JOUR...
EN PLUS J'AI UNE SUEUR ACIDE.
SI.
DE NOUVELLES EXPÉRIENCES...
CONVECTEUR TEMPOREL
GENETIC KIT
FRITOS 2.0
PC
OU DU MATÉRIEL.
J'AIMERAIS EXPÉDIER CETTE PERCEUSE-DÉFONCEUSE.
J'SUIS PAS SÛR, BOB...
ON Y TROUVE AUSSI DES COURRIERS ET DES CADEAUX PRÉPARÉS PAR LES FAMILLES DES ASTRONAUTES, DES MOIS AVANT LE DÉCOLLAGE.
PAPA, LA NASA ME DEMANDE CE QUE JE VEUX T'ENVOYER DANS LE CARGO... MAIS JE NE SAIS PAS CE DONT TU AURAS BESOIN...
BLIC
SONDE TON CŒUR, MON PETIT JEAN-BILLY...
I TRUST YOU !
J'AI PRÉPARÉ POUR PAPA UN ALBUM DE PHOTOS DE NOUS AVEC DES VERSETS DE LA BIBLE.
MOI JE LUI AI FAIT UN CŒUR EN PÂTE À SEL !
LOVE DADDY
SUPER, MARIE-STONE !
ET TOI, JEAN-BILLY ?
EUH... UN TRUC...
PORN XX
NASA ISS
SEX-SEX-SEX
1ER DÉCEMBRE 2016
COUCOU, LES LOULOUS ! PRÊTS POUR LE CARGO DAY ?!
LE PREMIER CARGO RUSSE DE MA MISSION DÉCOLLE DE BAÏKONOUR.
BRRRRR
JE CROIS QUE J'AI OUBLIÉ DE METTRE LES CHAUSSETTES...
POUR OLEG.
DAMN
DANS L'ISS, ON L'ATTEND ÉVIDEMMENT AVEC SOBRIÉTÉ ET PROFESSIONNALISME.
COURRIER LES GARS !!
YÉÉAH !

SEULEMENT VOILÀ, 385 SECONDES APRÈS LE DÉCOLLAGE...
PAR SAINT POUTINE !
LA TÉLÉMÉTRIE PART EN QUENOUILLE !
ON L'A PERDU !
OFFICIELLEMENT, L'ISS A ASSEZ DE RÉSERVES POUR SUPPORTER LA PERTE D'UN CARGO. L'ECLSS, EN BON MATOS, A LE DOS LARGE...
ON VA TENIR D'ICI LÀ, PAS VRAI ?
FAUDRA BIEN !
ÇA VA, C'EST PAS APOLLO 13 NON PLUS !
NAN !
TIENS ! TA FLOTTE !
OFFICIEUSEMENT, DIT VULGAIREMENT : ÇA FAIT CHIER. AUSSI BIEN AU SOL...
SPACE TOGETHER
FOR A HAPPY WORLD
FRIENDSHIP IN A SPACESHIP
JAXA
ESA
NASA
ROSCOSMOS
... QUE DANS LA STATION.
DÉSOLÉ LES GARS, LE POSTIER S'EST CRASHÉ DANS UN PLATANE.
PAUVRE HOMME.
MEERDE !
J'ATTENDAIS UNE BOÎTE DE MACARONS.
VOUS VOUS SOUVENEZ DE BOB, LE MEC DE LA NASA QUI TRAQUE LES OUTILS ? BOB A UN COLLÈGUE, BILL, DONT LE JOB EST UN PEU SEMBLABLE.
BLIP !
7B52A4
BLIP !
63216
BLIP !
54BX14
HEY ! BOB !
SALUT BILL !
BIENTÔT LE BIG DAY, HEIN ?!
EH OUI ! BIENTÔT LE CARGO DAY !
BILL TRAQUE AUSSI DES TRUCS QUI TRAÎNENT DANS LA STATION...
BLIP
61214
BIP BIIP
TAP TAP
TRASH mediator
ALOOORS...
LES DÉCHETS.
OUUH !
ISS
80%
HOULOULOULOU !

CONTRAIREMENT À L'URINE QUI EST RECYCLÉE, L'ASTRONAUTE DOIT S'OCCUPER "MANUELLEMENT" DE SES DÉCHETS SOLIDES, À SAVOIR LES EMBALLER.
WC
ÉPAISSEUR TRIPLE
WC
AH, THOMAS ! TU PEUX M'AIDER ?
PEUX PAS.
JE VAIS JETER TU-SAIS-QUOI-TU-SAIS-OÙ.
SUPER, TU PEUX JETER MES CHAUSSETTES AU PASSAGE ?
BIEN SÛR...
IL NE S'AGIT PAS À PROPREMENT PARLER DE LES JETER.
TU PEUX PRENDRE MES LINGETTES ?
MES GANTS EN LATEX.
IL N'Y A PAS DE VIDE-POUBELLE SPATIAL DANS LA STATION.
GNN
SINON CE SERAIT TOUS LES JOURS "GRAVITY".
N'IMPORTE QUEL DÉCHET, UNE FOIS CONDITIONNÉ, EST FLASHÉ.
TU ES PRÊT À FAIRE CE QUE BEAUCOUP N'OSERAIENT PAS FAIRE ?
BIEN SÛR, BUZZ.
PFF
ECLSS
POUR LE PLUS GRAND BONHEUR DE BILL.
BLIP !
- 14589452
- POOP
- 250-300 gr
- type 4
02/12/16
NASA
CLAP
CLAP
CLAP !
LES DÉCHETS SONT ENTREPOSÉS DANS UN MODULE DE LA STATION AU DOUX NOM DE PMM, OU LEONARDO POUR LES INTIMES.
LÀ

LA PROCHAINE FOIS QUE VOUS VERREZ UN ASTRONAUTE POSER DEVANT LA GRANDE COUPOLE EN VERRE…
Instagram
Thom_astro :
Sympa de vous voir depuis là-haut !! ;)
DITES-VOUS QU'IL EST JUSTE À CÔTÉ DU PMM GRAND OUVERT.
PFF
ESA – SERVICE DE COM
ALLÔ THOMAS ? ON A VU TA DERNIÈRE PHOTO SUR FACEBOOK…
Thom_astro : gare aux astéroïdes LOL !!! :D
JE CROIS QU'ON VA RESTER SUR UNE COMMUNICATION "LISSE".
BREF, BILL GÈRE L'ESPACE DISPONIBLE ET DIT AUX ASTRONAUTES OÙ ENTREPOSER LES DÉCHETS DANS LE PMM.
IL Y A JUSTE UNE PLACE POUR UN DÉCHET DANS LES 250 GR…
EN D3.
RIEN NE DOIT DÉPASSER !
A B C D E F
LEONARDO
TETRIS D'OR
L'ART DE RANGER
ENFIN, SI BIEN SÛR VOUS AVEZ RESPECTÉ MON RANGEMENT, HUHU.
ET LÀ, VOUS ALLEZ VOUS DEMANDER : MAIS QUAND LE PMM EST PLEIN, QU'EST-CE QU'ON FAIT DE TOUT CE BAZAR ? EH BIEN C'EST LÀ TOUT L'INTÉRÊT D'UN CARGO QUI ARRIVE À BON PORT.
9 DÉCEMBRE 2016 AGENCE SPATIALE JAPONAISE
ADMIREZ LE TRAVAIL, LES RUSKOV !
BRRRRRP
CARGO HTV6
MAIS C'EST NOËL !
ECLSS
HTV

4 JOURS PLUS TARD...
LE 2e CARGO DE MA MISSION APPROCHE DE LA STATION.
300 Mille mètres à pied ça useu, ça useu
UN PEU PLUS À GAUCHE...
HTV
bras télécommandé
ÇA USE LES SOULIERS
JE L'AI !
J'AIME LES JOIES SIMPLES.
vitesse réelle : lent
PRÊTS ? J'OUVRE.
PCHH
CLONG
SAVOUREZ CET AIR QUI NE SENT NI L'ODEUR DE PIEDS, NI DE TRANSPI, NI DE RENFERMÉ DEPUIS 20 ANS.
O2
EAU
MERCI, FISTON.
PORN
XXX
SPECIAL GROSEINS
ALBUM FAMILLE

UNE FOIS VIDÉ, LES ASTRONAUTES REMPLISSENT LE CARGO AVEC LE MAXIMUM DE DÉCHETS DU PMM.
GNN
CARGO
VAS-Y ! JETTE TOUT EN VRAC ! TU T'EN FOUS, TOUT VA CRAMER !
FAIS PAS ÇA ! TOUTE LA NASA TE REGARDE !
Saint Bill
MAIS SELON UN RANGEMENT TRÈS PRÉCIS FIXÉ PAR BILL.
J'AI UN DON : J'OUBLIE LES MAUVAIS CÔTÉS DU MÉTIER !
AINSI, QUAND LE CARGO SERA RELÂCHÉ DANS L'ATMOSPHÈRE, IL LE FERA SOUS UN ANGLE CONTRÔLÉ.
CENTRE DE GRAVITÉ BIEN PLACÉ
ANGLE DIVIN
FROTTEMENT MAXIMAL - COMBUSTION COMPLÈTE
POUR UNE COMBUSTION PARFAITE...
SEIGNEUR ! FAIS-MOI UN SIGNE, ET TRUMP SERA ÉLU.
... SOUS FORME DE MAGNIFIQUES ÉTOILES FILANTES.
chaussettes
crotte 7482
cargo
OH MY GOD !! YOUHOU !! YES !
CLAP ! CLAP ! CLAP !
EXCEPTION FAITE POUR LE SPACE X, LE CARGO CHOUCHOU. LUI NE CRAME PAS, IL DOIT RENTRER INTACT SUR TERRE.
cargo HTV
PRÊTS À CREVER LE BIDE PLEIN D'MERDE, LES GARS ?
cargo Cygnus
YOUÉ
cargo Progress
cargo ATV
OUAIS !
ROLALA ! QUEL PESSIMISME LES GARS !
Space X
HA ! HA HA !
À LUI DE RAMENER LE MATOS SCIENTIFIQUE...
JE RAMÈNE PLEIN DE TRUCS, LES GARS !
... OU MÉDICAL.
DAMNED ! LES ÉCHANTILLONS D'URINE N'ONT PAS AIMÉ L'ATTERRISSAGE !

VOUS COMMENCEZ À ENTRAPERCEVOIR LE DÉFI QUE CE SERAIT, UN VOYAGE DE PLUS D'UN AN VERS MARS... SANS POSSIBILITÉ DE RAVITAILLEMENT.

À L'ÉPOQUE DE LA STATION SPATIALE, ON ÉTAIT DÉPENDANTS DES CARGOS.
MOI-MÊME, J'AI EU UN RAPPORT PARTICULIER AVEC UN CARGO.
LE HTV6.
LE HTV6 NOUS A APPORTÉ LES BATTERIES DE RECHANGE DE LA STATION...
J'ÉTAIS CHARGÉ, AVEC SHANE, DE SORTIR DANS L'ESPACE POUR LES REMPLACER.
UNE SORTIE EXTRA-VÉHICULAIRE, OU EVA, VOUS NE SAVEZ PLUS CE QUE C'EST, HEIN ?
BANDE DE BLEUS.
LES ROBOTS FONT TOUT MAINTENANT.
BREF, ÇA VOULAIT DIRE QUE SI L'HTV PÉTAIT AU DÉCOLLAGE.
KAPUT LA BATTERIE.
ET KAPUT MON EVA.
FINITO LE DREAM !
OR MOI SANS EVA...
C'EST COMME... COMME...
COMME UNE MOTO SANS GUIDON, QUOI ! AUTANT ME LAISSER AU GARAGE !
MAIS HEUREUSEMENT, JE SUIS UNE HARLEY TOUT ÉQUIPÉE ! HU HU HU !
JE VOUS AI DÉJÀ PARLÉ DE MA PREMIÈRE EVA ?
ET C'EST PARTI POUR 6H DE MUSIQUE !!! YOUHOU !!
OUI OUI
VOUS ÉTIEZ NÉS, LE 13 JANVIER 2017 ?
OUI !
AH, VOUS M'AVEZ VU SUR LE NET, ALORS.
BEN JE VAIS VOUS LA RE-RACONTER !
NON...
ON S'EN FOUT, ON N'Y VA PAAAS !
SI SI ! ON A ENCORE SEPT MOIS DE VOYAGE, FAUT QU'ON SE CAUSE, ON N'A QUE ÇA À FAIRE !

13 JANVIER 2017 - 5 HEURES AVANT EVA
FRANCE INTER IL EST 7H30, GRAND JOUR POUR L'ASTRONAUTE
THOMAS PESQUET
QUI SE PRÉPARE À FAIRE UNE SORTIE DANS L'ESPACE.
THOMAS VA TRÈS BIEN RÉUSSIR CET EXERCICE TECHNIQUE.
IL A EU DE TRÈS BONNES NOTES AUX ENTRAÎNEMENTS.
PENSEZ-VOUS QU'IL A PEUR ?
HA! HA! HA! HA! HA! HA! HA! PAUVRE DE VOUS! HA!
VOUS AVEZ DÉJÀ VU UNE MOTO AVOIR PEUR DE LA ROUTE ?
?
BFM TV
UNE SORTIE POUR REMPLACER, JE CITE, "LES BATTERIES OBSOLÈTES" DES PANNEAUX SOLAIRES.
ON LUI SOUHAITE... EUH... BON COURAGE.
TRUMP A DÉCLARÉ : "VOUS ÊTES TOUS DES BOUFFONS"
MOI AUSSI JE PEUX TE CHANGER DES BATTERIES !! J'PASSE PAS SUR LCI POUR AUTANT !!
LA FERME, RENÉ !

* heure de Houston

EVA -2h30
ZZZZZ ZZ NON S'EN FOUT ZZZ LA PIZZA ZZ ET MOI ZZZ
PCKIIII
THOMAS ! OH, THOMAS ! WAKE UP !
ZZZ.. HEIN ?
J'AI DORMI COMBIEN DE TEMPS ?
TOUTE LA PREMIÈRE PARTIE DE LA PRÉPARATION RESPIRATOIRE.
FAIS GAFFE, LE DIRECT A COMMENCÉ.
LE MONDE A FAILLI TE VOIR ROUPILLER.
TIENS ! J'AI FAIT UN DE CES RÊVES !
J'ÉTAIS DANS UN VAISSEAU POUR MARS...
ET DÉSOLÉ, SHANE, MAIS CETTE FOIS-LÀ, C'ÉTAIT MOI LE COMMANDANT.
OUAIS BEN DANS MON RÊVE, Y AVAIT PLUS D'EVA.
DANS LE FUTUR, ON NE SAURA MÊME PLUS CE QUE C'EST.
NI QUE ÇA PRENAIT SIX HEURES DE PRÉPARA...
BLONK !
C'EST PARTI POUR UNE HEURE D'OXYGÈNE PUR...
PFFF SIX HEURES...
J'PEUX MÊME PAS JOUER À FIFA 17 EN ATTENDANT.
PCHIIIII

PEUT-ÊTRE QUE DANS LE FUTUR, ON IMPROVISERA DES SORTIES SPATIALES COMME ON IMPROVISE UN RENDEZ-VOUS...

EN ATTENDANT, DANS LA RÉALITÉ, UNE EVA SE PRÉVOIT DES ANNÉES EN AMONT. ET LE JOUR J, ÇA PREND PLUSIEURS HEURES DE PRÉPARATION.

SAUTER DIRECTEMENT DE SA COMBINAISON AU VIDE SPATIAL, C'EST AUSSI MALIN QUE DE PLONGER DIRECTEMENT À -900 M DE PROFONDEUR.

... SANS PALIER DE DÉCOMPRESSION.

C'EST TOTALEMENT IMPOSSIBLE (SANS MOURIR).

L'ESPACE EST UN LIEU HOSTILE, VIOLENT ET MORTEL.

TOUT EN UN. TOUTES LES MORTS POSSIBLES EN UN SEUL LIEU.

PRENEZ LA PRESSION. MALGRÉ SES GROS MUSCLES DURS, UN ASTRONAUTE EST COMPOSÉ À 80% D'EAU, COMME UNE SAUCISSE KNACKI.

SI CETTE EAU NE SORT PAS DE SON CORPS, C'EST NON SEULEMENT PARCE QU'IL NE FAIT PAS 92°C SUR TERRE.

MAIS AUSSI PARCE QUE TOUT L'AIR QUI EST AU-DESSUS DE SA TÊTE EXERCE SUR LUI UNE PRESSION SUPPORTABLE DE 1 ATMOSPHÈRE.

OR, QUAND ON PARLE DE VIDE SPATIAL, CE N'EST PAS COMME LE SOUS-VIDE ALIMENTAIRE, OÙ ON RETIRE JUSTE L'AIR.

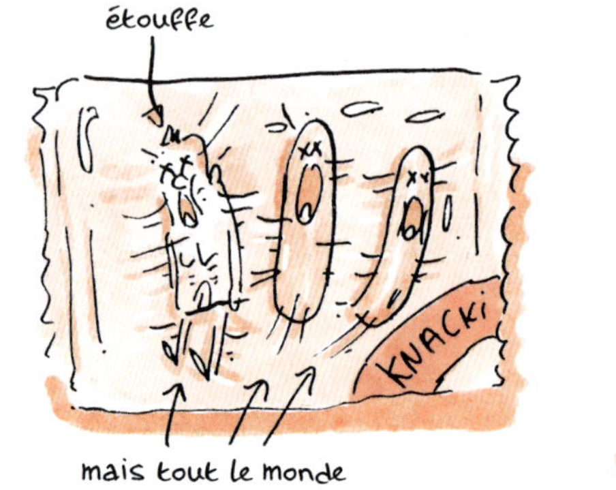

LE VIDE SPATIAL, LUI, EST SI FORT QUE L'EAU DU CORPS LE QUITTE EN S'ÉVAPORANT.

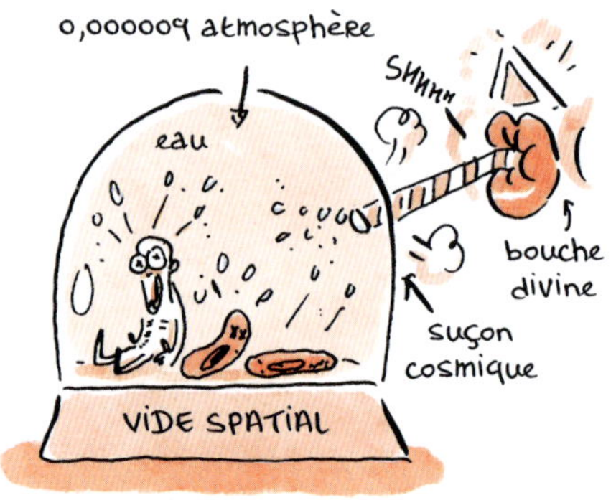

POUR MAINTENIR UN ASTRONAUTE À L'ÉTAT LIQUIDE, IL FAUT DONC LE PLACER DANS UNE COMBINAISON, QU'ON GONFLE COMME UN BALLON.

OR UNE COMBINAISON D'ASTRONAUTE, CE N'EST PAS FAIT EN PAPIER BIBLE, C'EST ÉPAIS. ALORS SI ON LA PRESSURISE À 1 ATMOSPHÈRE, ELLE EST TROP RIGIDE, MÊME POUR PLIER UN BRAS.

CONTRE ÇA, ON FAIT UN COMPROMIS : ON NE GONFLE LES COMBIS QU'À 0,3 ATMOSPHÈRE.

COMME ÇA, NOTRE ASTRONAUTE PEUT PLIER LES BRAS ET LES DOIGTS POUR BOSSER, ET SANS SE DESSÉCHER.

MAIS IL NE POURRA PAS RESPIRER. À 0,3 ATMOSPHÈRE, L'AIR N'EST PLUS ASSEZ CONCENTRÉ EN OXYGÈNE.

POUR AVOIR UN ASTRONAUTE PLIABLE, LIQUIDE ET QUI RESPIRE, IL FAUT DONC LE GONFLER À 0,3 ATMOSPHÈRE, CERTES, MAIS AVEC DE L'OXYGÈNE PUR À 100%.

MAIS FAIT À LA VA-VITE, COMME À HOLLYWOOD, C'EST UN COUP À FAIRE UN ACCIDENT DE DÉCOMPRESSION : L'AZOTE DU SANG FAIT DES BULLES QUI PARTENT DANS LES ARTICULATIONS, COMME À L'OUVERTURE D'UNE BOUTEILLE DE COCA.

ET QUAND Y A TROP DE BULLES...

... L'OS SE NÉCROSE.

D'OÙ UN LONG PROTOCOLE DE PRÉPARATION RESPIRATOIRE EN PLUSIEURS ÉTAPES...

OÙ L'ON RESPIRE DE L'OXYGÈNE PUR PENDANT DES HEURES.

JUSQU'À CE QU'IL N'Y AIT PLUS D'AZOTE DANS LE SANG.

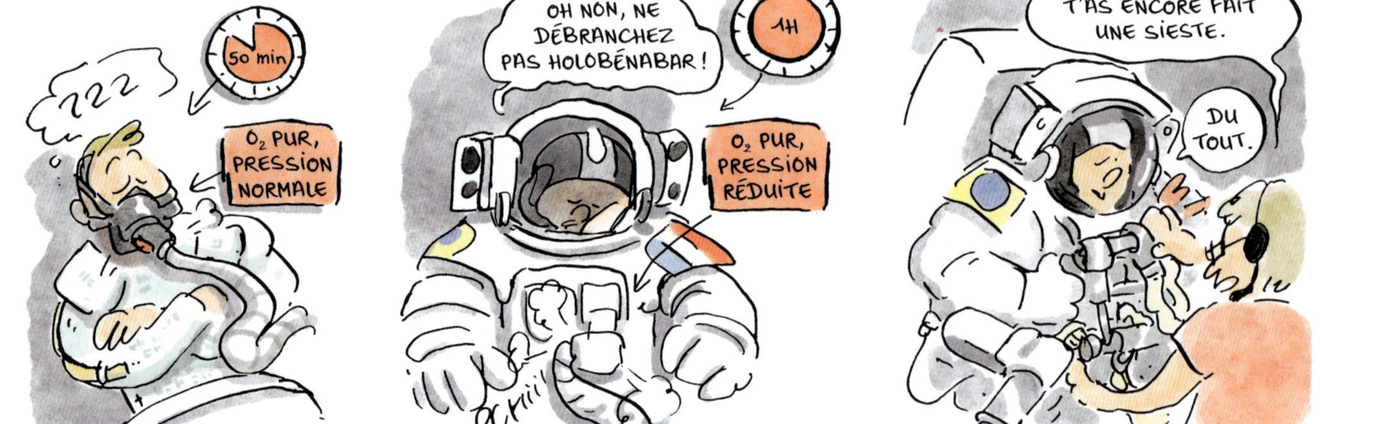

J'AI DÉCOUVERT DEUX TRUCS UNE FOIS DANS MA COMBI.
LE PREMIER EST DÛ À L'OXYGÈNE PUR...
EVA -00:45
SEE YOU, GUYS !
D'ABORD, ÇA VOUS FAIT UNE VOIX DE FILLETTE.
SEE YOU, PEGGY !
À TOUT', PEGGY !
MES CONFRÈRES S'ÉTAIENT BIEN GARDÉS DE ME PARLER DU DEUXIÈME EFFET KISS COOL...
VAS-Y BUZZ !
JETTE-LE BIEN AU FOND !
EVA
Puits profond des secrets d'astronautes
MERDE LES GARS, ON EN A TROP.
AMENER DE L'ALCOOL DANS LA STATION
EVA
VOMI
SEXUALITY WITHOUT GRAVITY
HOW TO BE PERFECT
LA PROSTATE EN VOL
SECRET DÉFENSE
OVNI
VOL OU MARIAGE ?
LA DIFFÉRENCE DE PRESSION ENTRE CELLE DU CORPS ET CELLE DE LA COMBI FAIT UN PEU EFFET PISTON D'UNE SERINGUE, QUI VOUDRAIT TIRER L'AIR DE VOS ORIFICES.
combi
air du bide 1 atmosphère
0,3 atmosphère
JE DOIS M'ATTENDRE À UN TRUC, LES COPAINS ?
(NAAN.)
0,3
AUTREMENT (ET VULGAIREMENT) DIT, EN COMBINAISON, ON PASSE NOTRE TEMPS À LÂCHER DES CAISSES.
NAN MAIS J'EN PEUX PLUS !!! C'EST TROOOP LE GENDRE I-DÉ-AL, QUOI !
tu m'étonnes
DAMNED.

* environ 25 mètres

FAIS-LES BIEN PASSER DANS LES CALES SPÉCIALES, AFIN DE NE PAS ARRACHER TOUT CE QUI DÉPASSE DE LA STATION.

EVA +02:00
UN AUTRE CONSEIL AVANT MON DÉPART, LUCA ?
COMPRENDRE CE QU'EST UNE EVA, TU VEUX DIRE ?
OUI
TU VOIS CETTE FALAISE ?
JE VOIS OUI
MAÎTRE LUCA
ENCORE HEUREUX, MANQUERAIT PLUS QUE TU BIGLES.
SORTIR DANS L'ESPACE, C'EST COMME ESCALADER EN ARMURE.
SUPER BALÈZE C'EST.
PFF
C'EST BIEN, TU FAIS ÇA 6H ET T'AS PIGÉ.
T'AURAIS PAS PU ME PRÉVENIR POUR CETTE HISTOIRE DE GAZ LÀ, DANS LA COMBI, PLUTÔT ?
EVA +03:00
THOMAS, CHECKE TES GANTS.
PAS DE PERFORATION, OK C'EST BON.
CAM-EV2
MERCI POUR LA VUE.

SI LUCA ME POSE CETTE QUESTION, C'EST QUE LE 16 JUILLET 2013, CHRIS CASSIDY ET LUI ONT EU UN GROS PÉPIN.

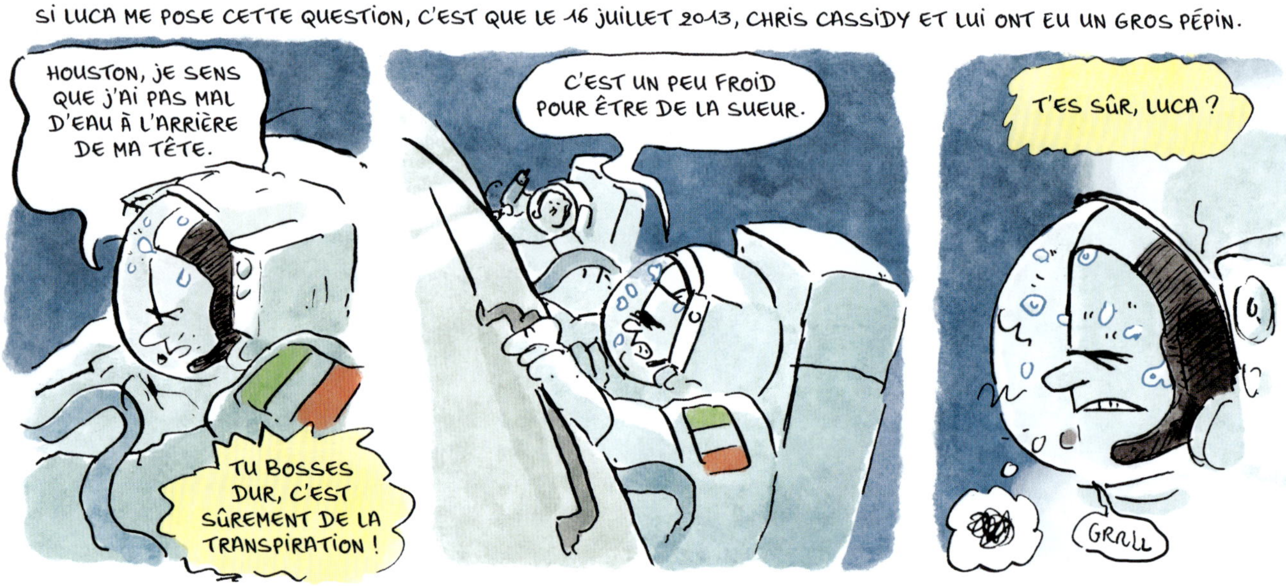

QU'EST-CE QU'ON FAIT ?
ET SI C'ÉTAIT VRAIMENT PAS DE LA SUEUR ?
ELLE VIENDRAIT D'OÙ, CETTE FLOTTE ?
DU SYSTÈME DE REFROIDISSEMENT ?
FAUDRAIT UN VISUEL POUR JUGER.
CHRIS, JETTE UN COUP D'ŒIL AU CASQUE DE LUCA, SI TU VOIS UN TRUC PAS NORMAL.
OK
LUCA, TOURNE-TOI...
IL NE ME RÉPOND PAS, LA COMMUNICATION EST COUPÉE.
BLLLLL
EUH, HOUSTON, Y A UNE QUANTITÉ ANORMALE D'EAU DANS SON CASQUE.
J'EN AI DANS LES YEUX, LÀ... J'VOIS PLUS RIEN.
QU'EST-CE QU'ON FAIT ? ON ANNULE L'EVA ?
HOUSTON, LA QUANTITÉ D'EAU AUGMENTE, LÀ. IL RISQUE DE SE NOYER.
ON ANNULE L'EVA. LUCA DOIT RENTRER AU SAS. CHRIS, TU RANGES LE MATÉRIEL ET TU LE REJOINS.
...RA... LE...
BLL

RENTRER AU SAS...
JE VEUX BIEN, MAIS...
JE VOIS QUE DALLE !
SRLL... LUCARSCHRR... RRASH.... SHRRR...
L'EAU A BOUSILLÉ MON CASQUE AUDIO.
ERK, ELLE A UN DRÔLE DE GOÛT, CETTE FLOTTE.
ELLE A DÛ SE MÉLANGER AU LIQUIDE ANTI-BUÉE.
PUTAAAIN ! JE VAIS QUAND MÊME PAS MOURIR NOYÉ !
DANS L'ESPACE !
EN DERNIER RECOURS, J'AI QUOI COMME SOLUTION ?
PERCER MA COMBI POUR ÉVACUER L'EAU ?
?
MON FILIN !
SUPER, IL SUIT SON CÂBLE !
IL CONTOURNE LE NODE 1.
POURVU QU'IL N'ARRACHE PAS L'ANTENNE AVEC !

LUCA ARRIVE AU SAS.
PFF
FR'
PRESSURISATION.
J'OUVRE LE SAS ! PRÉPAREZ LES SERVIETTES !
HMMM
ÇA VA, LUCA ?
ÇA VA...
SÛR, THOMAS ?
SÛR. JE SENS LE FENNEC, MAIS ÇA VA.

LES BONS ASTRONAUTES FONT LEUR BOULOT DANS LES TEMPS.
EVA +05:30
CPO ENCLENCHÉ ?
DONE
PANNEAU BAISSÉ ?
C'EST FAIT.
DÉJÀ ?
OUAIS, ON FAIT QUOI ?
LES TRÈS BONS LE FONT VITE ET BIEN.
PESQUET ET SHANE SONT EN AVANCE SUR LEUR PLANNING, ON FAIT QUOI ?
NASA
SONT CHIANTS !
CAPCOM
C'EST LA GIFLE DE L'EXCELLENCE SUR LA JOUE DE L'IMPRÉVU.
LES EXCELLENTS PLONGENT LA NASA DANS L'IMPROVISATION.
EUH... ATTENDEZ... ON RÉFLÉCHIT.
FAITES DES SELFIES EN ATTENDANT !
YES !
HAA ! HA !
POUET !
+10000 DE CLASSITUDE
J'AIME FAIRE ÇA AUSSI AU QUOTIDIEN.
J'AI FINI L'INSTALLATION DE L'ACCÉLÉRATION DE PARTICULES COSMIQUES.
BRRRRRR
ÊTRE LE PREMIER À FINIR MON PLANNING DE BOULOT, MÊME LES TÂCHES OPTIONNELLES.
TÂCHES OPTIONNELLES
changer rouleau PQ
réparer jauge huile
jouer trompette
bichonner ECLSS
nettoyer panneaux solaires
EUH... ATTENDS.
EUH...
QUAND LA NASA NE SAIT PLUS QUOI NOUS FAIRE FAIRE, C'EST BINGO !
EUH... FAIS DES PHOTOS, ON TE RAPPELLE !
OK
+1000 pts
C'EST MÊME UN P'TIT CHALLENGE ENTRE COLLÈGUES.
ÇA Y EST, J'AI ÉCLATÉ MON PLANNING DU JOUR.
TU VEUX DE L'AIDE, PEGGY ?
EN FAIT, J'AI DEUX JOURS D'AVANCE SUR LE MIEN.
LÀ, JE SÉQUENCE DE L'ADN POUR LE PLAISIR.
+15000 p
BREF, C'EST COMME ÇA QU'ON A FAIT QUELQUES EXTRAS LORS DE NOTRE EVA.
ziiip

EVA +06:00
18H05
AAAH!
18H42
JE ME SUIS EXPLOSÉ LES ONGLES.
J'AI TOUTE LA MAIN EN COMPOTE, EN FAIT !
19H10
Aïe
19H30
OU
BRAVO LES GARS ! C'ÉTAIT UNE SORTIE NICKEL, ENCORE FÉLICITATIONS !
ON VOUS LAISSE VOUS REPOSER, C'EST PAS COMME SI VOUS AVIEZ EU UNE JOURNÉE DE 12H. VOUS DEVEZ ÊTRE CREVÉS.
NASA BOSS
NASA
OH, ÇA VA !
PAS TANT QUE ÇA, SAVEZ...
ouloulou
21H
ZZZZZZ

L'ISS EST TELLE UNE CHALOUPE
BRAVANT L'OCÉAN COSMIQUE...

ET COMME TOUT VAISSEAU, ELLE A UN COMMANDANT.
LE NÔTRE, DEPUIS MON ARRIVÉE, EST SHANE KIMBROUGH.

LE COMMANDANT A DES MISSIONS SPÉCIFIQUES :
IL EST RESPONSABLE DU VAISSEAU, DE
L'ÉQUIPE ET D'AUTRES TRUCS DE CAPITAINE.

VRAIMENT UN "GREAT MAN",
COMME ON DIT.

EN AVRIL, IL Y A EU UNE
PASSATION DE POUVOIRS
DE SHANE À PEGGY...

L'OCCASION DE FAIRE UNE PETITE CÉRÉMONIE.

LES COMMANDANTS SE SUCCÈDENT AU RYTHME DES CHANGEMENTS D'ÉQUIPE.

* VOIR P.114

EN AVRIL 2017, FYODOR ET FISHER ONT REMPLACÉ L'ÉQUIPE DE SHANE, REVENUE SUR TERRE DIX JOURS PLUS TÔT.

COMME IL Y A TROIS PLACES DANS LES SOYOUZ, PEGGY POURRA RESTER DANS LA STATION TROIS MOIS DE PLUS, ET RENTRER AVEC EUX.

HISTOIRE D'AVOIR, À SON RETOUR SUR TERRE, BATTU TOUS LES RECORDS.

CE QUI SIGNIFE QU'OLEG ET MOI REDESCENDONS SANS ELLE.

– Tu vois une étoile filante ?
Ben au retour, t'es à l'intérieur de l'étoile filante.

THOMAS PESQUET

TAGADA
TATTTA
TTT
VVRRRRRRRR
BLAM!
BRRRR
TOUGOUDOU
LET SEE
BLONK!
POUSSEZ PAS!

THOMAAS!♥
GNN..
BRLLLRF
DÉO
AFTER SHAVE
SOAP
FRESH
AIR
GAÏA
DÉGAGEZ !
OLOLOLO..
BL..
TU VAS BIEN ?
IL VA BIEN ?
POUSSEZ-VOUS !
OUAAH LA VACHE...

OH ! BRIGITTE ! HEY ! ROMAIN ! SERGI !
C'EST COOL DE VOUS REVOIR !
TAP
ÇA VA ?
POUSSEZ-VOUS !
POUSSEZ PAS !
LAISSEZ PASSER LES MÉDECINS !
OÙ EST OLEG ?
HEY !
NE BOUGE PAS TROP LA TÊTE, ÇA VA TE RENDRE MALADE.
TROP TARD
ÇA VA ?
ÇA VA, J'AI JUSTE L'IMPRESSION DE FAIRE LE POIDS D'UNE VACHE MORTE.
C'EST LA GRAVITÉ, T'AS PLUS L'HABITUDE.
JE SAIS.
TENEZ THOMAS, VOTRE COMPAGNE AU TÉLÉPHONE.
GNN
MEUH !

ALLÔ ?
ALLÔ, THOMAS ?
OUI...
COLOGNE
ÇA VA ? C'EST QUOI, CETTE VOIX QUE T'AS ?
C'EST MA MÂCHOIRE, JE CROIS QUE MES MUSCLES ONT OUBLIÉ QUE ÇA PESAIT LOURD EN FAIT, UNE MÂCHOIRE...
MA LANGUE AUSSI PÈSE LOURD.
PENDANT CE TEMPS, À PARIS
THOMAS PESQUET IS BACK
VIVE LA FRANCE !
JOIE
VIVE L'EUROPE
SAPRISTI, MAIS À QUI PARLE-T-IL ?
À SA COMPAGNE, MONSIEUR LE PRÉSIDENT.
MAIS NE VOUS EN FAITES PAS M. LE PRÉSIDENT, VOUS ALLEZ BIENTÔT POUVOIR LUI PARLER...
LAISSEZ !
LAISSEZ D'ABORD L'AMOUR FAIRE SES RETROUVAILLES !
ILS DOIVENT AVOIR TANT DE CHOSES TENDRES À SE DIRE !
SI JE NE BOUGE PAS TROP LA TÊTE, ÇA VA. SINON C'EST LA GERBE.
SI TU PEUX, ESSAIE DE TE RETENIR : Y A MACRON QUI TE VOIT EN DIRECT.
ET QUI VEUT TE PARLER.
LIBRATION
3 JUIN 2017
MACRON VOMIT EN DIRECT EN VOYANT PESQUET VOMIR. 180 000 INTERNAUTES VOMISSENT AUSSI.
« CETTE MISSION N'ÉTAIT QUE DE LA POUDRE DE PERLIMPINPIN ! »
« J'ai sali tout mon costume ! »

BURP
Pesquet
CLIC
CLIC
CLIC
POUSSEZ-VOUS !
YOURI !
HMMFF !
LAISSEZ PASSER !
BEUUUR
NE GERBE PAS
NE GERBE PAS
NE GERBE PAS
NE GERBE PAS
PAS DEVANT LES CAMÉRAS !
BEUAAAR

* Comptez entre 6 et 9 mois.

ÇA VA ?
ON PREND LA JEEP, L'HÉLICO, PUIS L'AVION.
ÇA IRA ?
VITE ! UN SAC !
ÇA VA ?
BOOOF..
ALLEZ, MON GARÇON ! T'AS PLUS RIEN DANS LE VENTRE !
PRENDS UN P'TIT LACTIMEL !
COLOGNE
Hiii
THO
THOMAS !!
THOMAS
THOMAS, Y A PLEIN DE JEUNES GENS QUI T'ONT FAIT UNE HAIE D'HONNEUR... SI TU VEUX BIEN ALLER LES VOIR, POUR UNE PETITE PHOTO.
THOMASS !
OK !
THO
?!!

LES FANS
LA COM
LES MÉDECINS
ÉPOUSE-NOUS !!!
THOMAS !!
WIE LIEBEN DICH !
AIME-♡ NOUS
♡TP
ON VEUT TON CORPS !!
PAR ICI
PAR LÀ
JUSTE UN PEU D'URINE !
VIENS DANS MON LABO, THOMAS !
T'AIMES LES IRM ?
J'♡ TON ADN
NOUS AUSSI ON VEUT TON COORPS !!
HÉ THOMAS !! T'ES À JEUN !
PRÊT POUR TON PREMIER BAIN DE FOULE POST-VOL ?
BIEN SÛR !
THOMAS !
YOUHOU !
THOMAS !
C'EST QUOI, CE BANDAGE ? T'ES BLESSÉ ?
COM
C'EST RIEN, C'EST LES PRISES DE SANG...
OK, ESSAIE DE PAS TROP MONTRER CETTE MAIN, ALORS.
ÇA FAIT PAS TRÈS "ASTRONAUT STYLE".
ÇA VA ! J'SUIS PAS FAIT EN TITANIUM NON PLUS !
HEY ! NE LE FAITES PAS TROP MARCHER !
VOUS DEVRIEZ LE METTRE DANS UN FAUTEUIL ROULANT !
FAUT QU'IL SE REPOSE !
NON MAIS T'ES PAS BIEN, TOI ! UN ASTRONAUTE DANS UN FAUTEUIL !
C'EST COMME VIN DIESEL AVEC UN DÉAMBULATEUR, PERSONNE NE VEUT VOIR ÇA !
FAIS GAFFE, T'AS UN POINT ROUGE SUR LE FRONT.

4 JUIN - COLOGNE, ENVIHAB
(DÉPARTEMENT MÉDICAL DE L'ESA)
ZZZ.. !!?
??
CUI CUII!
MAIS ?! C'EST QUOI, CE BOUCAN ?
CUI CUII
CE PLAFOND EST DÉSESPÉRÉMENT VIDE...
RIEN NE VOLE...
MFF
SICK BUT ALIVE
OK, JE SUIS BIEN RENTRÉ SUR TERRE.
STAR TREK
FAUT QUE JE ME REFASSE DE LA CORNE DE PIED, LÀ...
FRANCHEMENT...
Peau de bébé
AAAAAAAAAH!
OH MAIS ATTENDS... T'AS PLUS À AVALER TON DENTIFRICE, MON GARS !
joie simple

BRRRRR
?
BRRR
BRRR
BRRRR
SNIIIIIF
TOC ! TOC !
SALUT, ÇA VA ? JE VIENS POUR LES ÉCHANTILLONS D'URINE.
SALUT, DOC !
SI C'EST POUR LA GLYCÉMIE, C'EST ZÉRO.
MÊME LE LACTIMEL N'EST PAS PASSÉ.
NON
C'EST POUR VOIR LA PERTE OSSEUSE.
DE L'OS...
DANS MES URINES ?
OUI, ENFIN...

LES GENS CROIENT QUE LE CORPS EN BAVE AVEC LA GRAVITÉ, QUE LES CHOSES SERAIENT PLUS FACILES EN IMPESANTEUR.
ORDURE
L'EXPRES
THOMAS PESQUET : "LA LÉGÈRETÉ DE L'ÊTRE"
ZE KOUPEULS
EN FAIT NON. IL EST CONÇU POUR LA GRAVITÉ. TOUS LES JOURS, LA GRAVITÉ BLESSE L'OS. QUAND ON MARCHE, SAUTE, TOMBE, COURT...
AÏEU !
OUH OUI !
OUCH !
OH C'EST BON !
MIEUX : PLUS L'OS REÇOIT DE CHOCS, PLUS IL SE FAIT DE MICRO-FISSURES, ET PLUS IL EST CONTENT.
ET LÀ...
LÀ, C'EST LA FISSURE DE JOGGING QUE JE ME SUIS FAITE LE LONG DE LA NASA ROÂÂD...
CAR DANS L'OS, ON TROUVE LA SPÉCIALISTE DE LA MICRO-FISSURE, UNE CELLULE APPELÉE OSTÉOCYTE. SON BUSINESS, C'EST LE BTP OSSEUX.
PIED
FÉMUR (COL)
EN EFFET.
FAUT REMPLACER LE PLACO.
C'EST LE CHEF DE CHANTIER, NON-STOP, 24 H/24, 7 JOURS SUR 7.
APPELLE-MOI LES OSTÉOCLASTES !
ÉVIDEMMENT QUE L'ASSURANCE EST PRÉVENUE.
ELLE MOBILISE D'AUTRES CELLULES, LES OSTÉOCLASTES POUR ÉLIMINER (ENTRE AUTRES) L'OS ABÎMÉ.
FAIS GAFFE ! TU FOUS DES MIETTES DE MINÉRAUX PARTOUT !
CROC CROC
INTERVIENT ENSUITE L'OSTÉOBLASTE, LA CELLULE CHARGÉE DE RECONSTRUIRE DERRIÈRE, SI POSSIBLE AUTANT QUE ÇA ÉTÉ DÉTRUIT.
CROC CROC
CROC CROC
À TOI DE JOUER, L'ARTISTE.
C'EST COMME ÇA QUE PLUS L'OS A AFFAIRE À LA GRAVITÉ, MIEUX IL SE RÉPARE, SE REMODÈLE ET SE SOLIDIFIE.
ON VA REPENSER LE MODÈLE DE LA ROTULE.
SUBLIMER L'ARTICULATION.
ET ON REPART SUR UNE REDENSIFICATION DE L'OS.
JE REPEINDRAIS BIEN LE TOUT COULEUR TAUPE...
PAS QUESTION !

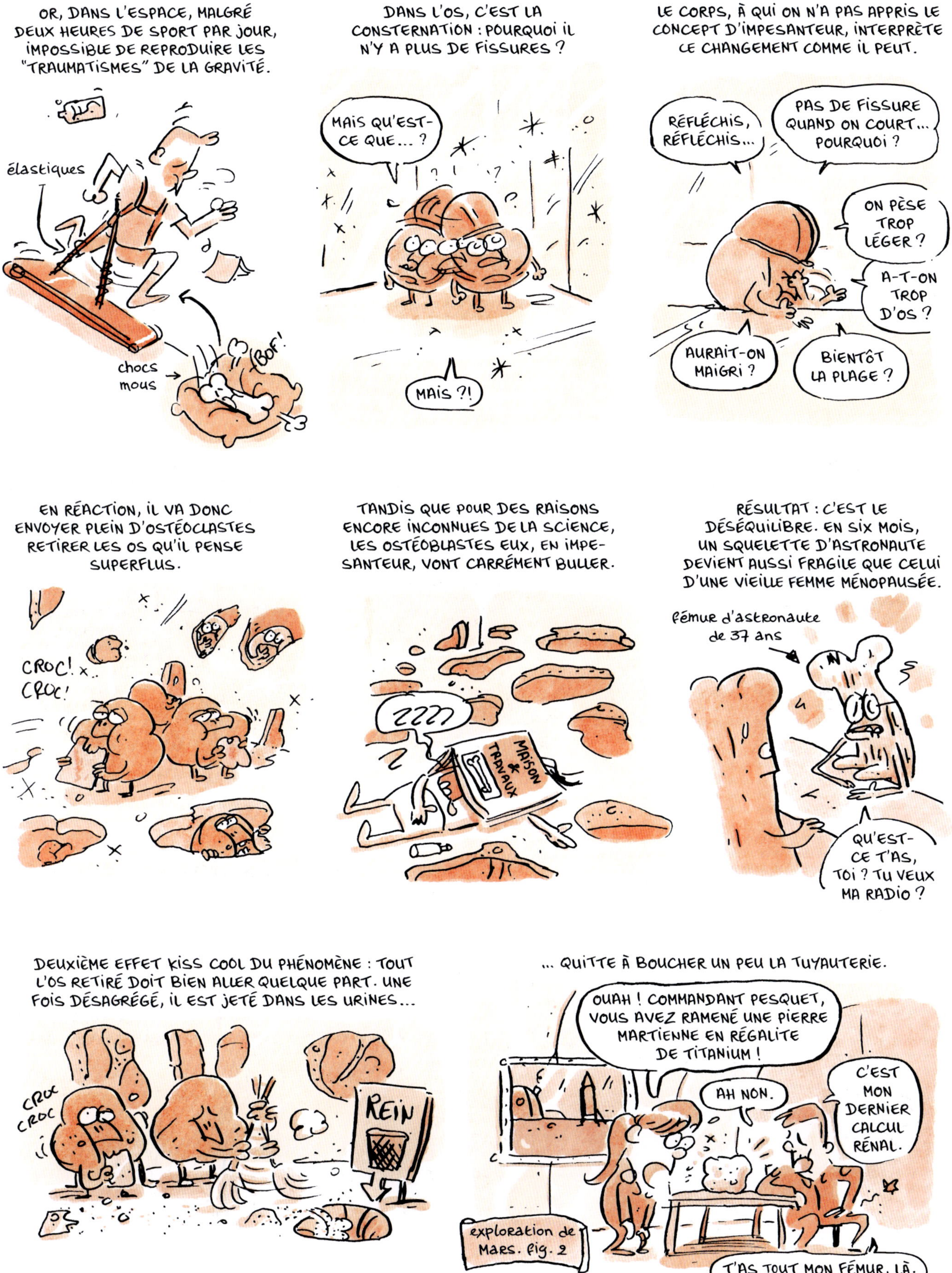
OR, DANS L'ESPACE, MALGRÉ DEUX HEURES DE SPORT PAR JOUR, IMPOSSIBLE DE REPRODUIRE LES "TRAUMATISMES" DE LA GRAVITÉ.
élastiques
chocs mous
BOF!
DANS L'OS, C'EST LA CONSTERNATION : POURQUOI IL N'Y A PLUS DE FISSURES ?
MAIS QU'EST-CE QUE... ?
MAIS ?!
LE CORPS, À QUI ON N'A PAS APPRIS LE CONCEPT D'IMPESANTEUR, INTERPRÈTE CE CHANGEMENT COMME IL PEUT.
RÉFLÉCHIS, RÉFLÉCHIS...
PAS DE FISSURE QUAND ON COURT... POURQUOI ?
ON PÈSE TROP LÉGER ?
A-T-ON TROP D'OS ?
AURAIT-ON MAIGRI ?
BIENTÔT LA PLAGE ?
EN RÉACTION, IL VA DONC ENVOYER PLEIN D'OSTÉOCLASTES RETIRER LES OS QU'IL PENSE SUPERFLUS.
CROC! CROC!
TANDIS QUE POUR DES RAISONS ENCORE INCONNUES DE LA SCIENCE, LES OSTÉOBLASTES EUX, EN IMPESANTEUR, VONT CARRÉMENT BULLER.
ZZZZ
MAISON & TRAVAUX
RÉSULTAT : C'EST LE DÉSÉQUILIBRE. EN SIX MOIS, UN SQUELETTE D'ASTRONAUTE DEVIENT AUSSI FRAGILE QUE CELUI D'UNE VIEILLE FEMME MÉNOPAUSÉE.
Fémur d'astronaute de 37 ans
QU'EST-CE T'AS, TOI ? TU VEUX MA RADIO ?
DEUXIÈME EFFET KISS COOL DU PHÉNOMÈNE : TOUT L'OS RETIRÉ DOIT BIEN ALLER QUELQUE PART. UNE FOIS DÉSAGRÉGÉ, IL EST JETÉ DANS LES URINES...
CROC CROC
REIN
... QUITTE À BOUCHER UN PEU LA TUYAUTERIE.
OUAH ! COMMANDANT PESQUET, VOUS AVEZ RAMENÉ UNE PIERRE MARTIENNE EN RÉGALITE DE TITANIUM !
AH NON.
C'EST MON DERNIER CALCUL RÉNAL.
exploration de Mars. fig. 2
T'AS TOUT MON FÉMUR, LÀ.

TU VEUX DIRE QUE L'ESPACE A FAIT DE MOI UNE FEMME MÉNOPAUSÉE.
OSTÉOPOROTIQUEMENT PARLANT, OUI.
MAIS C'EST SUPER POUR LA RECHERCHE !
T'EN FAIS PAS, TU VAS REFAIRE DE L'OS, TON CORPS EST MALIN.
OH JE M'EN FAIS PAS.
PAS MON GENRE.
POUIC
MOI JE DIS TOUJOURS À MES ASTRONAUTES...
"SOURIS À TES ORGANES !"
OK
TRÊVE DE SENTIMENTALITÉ !
T'AS VU TON PLANNING DE COBAYE ?
LUN
prélèvement muscle
électrocution muscle
MANGER
muscu
ophtalmo
dodo à jeun
TAXI
MAR
IRM
électrocution pour la science
presse
trucs torse nu
trépanation
astro-dissection
TAXI
MER
radio
exam cartilage
coup de fil à Macron
échographie du coeur
dodo à jeun
TAXI
JEU
urine
atteinte à l'intimité pour la science
psy
exploration corporelle
conf de presse
dentiste
* interdiction de conduire
: Envihab
: hosto
: où tu veux
OK, AU BOULOT.
POC.
C'EST TELLEMENT NAAZE LA GRAVITÉ !
SOURIS À TES SENS, THOMAS.

Semaine 1
LE TISSU EST TOUT PÂLICHON.
LA JAMBE EST BIEN PLUS FINE.
MOLLE.
TÂTE TÂTE
ON VOIT BIEN LA RÉDUCTION DES CAPILLAIRES MUSCULAIRES...
LA MYOFIBRE UN PEU DÉCATIE.
COMME DÉLAVÉE.
LE TISSU LIVIDE.
OUI...
LIMITE OPALIN.
BLAFARD.
NACRÉ, J'AURAIS DIT.
ON A ANESTHÉSIÉ. ON VA INCISER.
ALLEZ-Y DOC, FAITES-VOUS PLAISIR !
OH OUI, ON VOIT BIEN LA DIFFÉRENCE PAR RAPPORT AU PRÉLÈVEMENT PRÉ-VOL.
ATTENTION, JE PRÉLÈVE MON BOUT DE MUSCLE.
GNN
EEET VOILÀÀÀ ! NANO-TARTARE, HIHIHI !
ALORS TU TROUVES QU'IL EST SI POURRI QUE ÇA, MON MUSCLE ?
ON VA PAS SE MENTIR : L'IMPESANTEUR DÉTRAQUE LES MUSCLES. DISONS QU'AU NIVEAU MOLÉCULAIRE, C'EST PAS LA JOIE.
LES MOLÉCULES DE QUOI ?
CELLES QUI CONTRÔLENT LA CONTRACTION DU MUSCLE, PAR EXEMPLE.
VAS-Y, PLANTE LE DRAPEAU, QU'EST-CE QUE TU FOUS ?
L'HUMANITÉ ENTIÈRE NOUS REGARDE EN STREAMING.
JE...
JE PEUX PAS, J'AI UNE CRAMPE.
exploration de Mars fig. 3

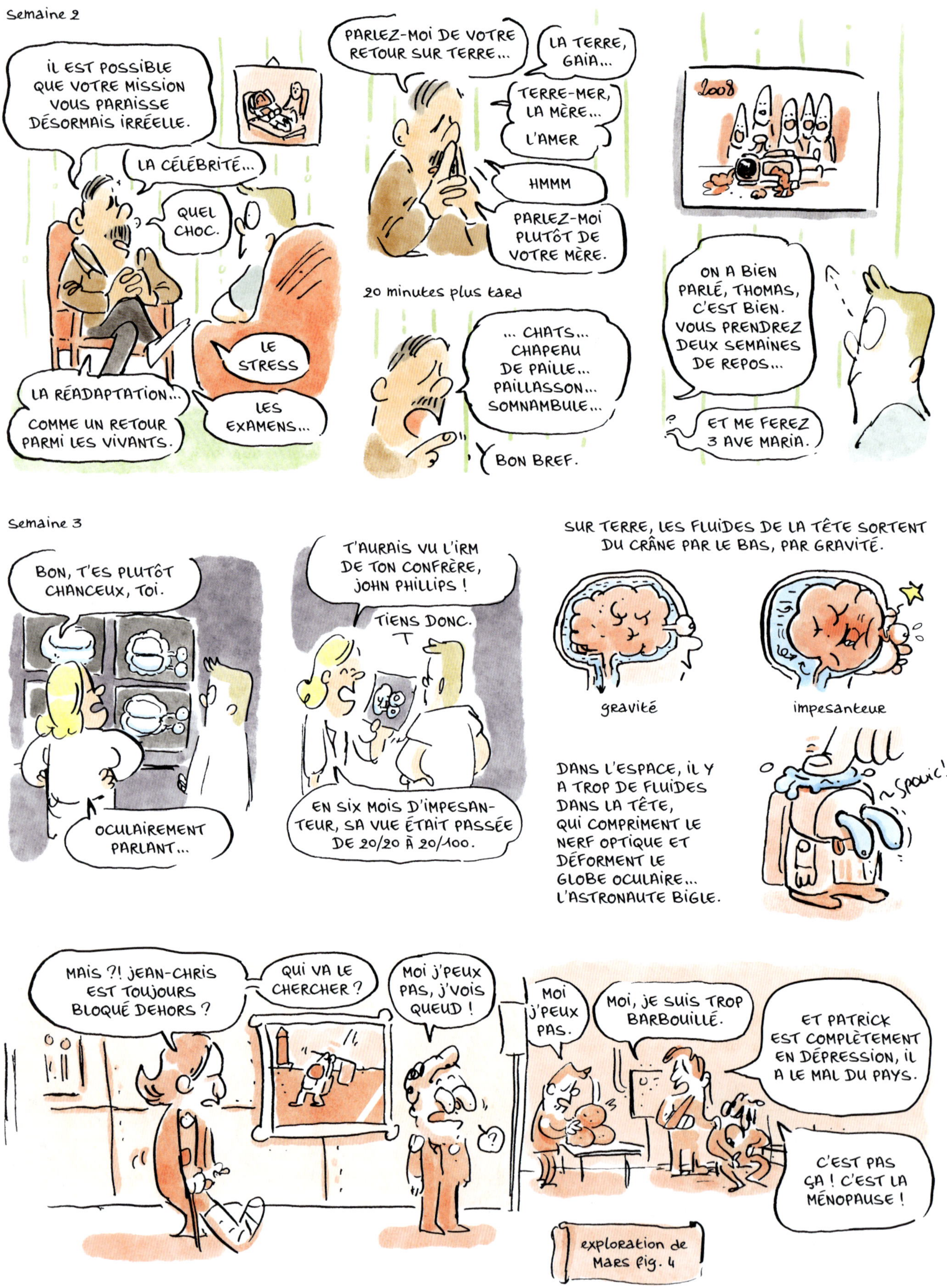
Semaine 2
IL EST POSSIBLE QUE VOTRE MISSION VOUS PARAISSE DÉSORMAIS IRRÉELLE.
LA CÉLÉBRITÉ...
QUEL CHOC.
LE STRESS
LA RÉADAPTATION...
COMME UN RETOUR PARMI LES VIVANTS.
LES EXAMENS...
PARLEZ-MOI DE VOTRE RETOUR SUR TERRE...
LA TERRE, GAIA...
TERRE-MER, LA MÈRE...
L'AMER
HMMM
PARLEZ-MOI PLUTÔT DE VOTRE MÈRE.
20 minutes plus tard
... CHATS... CHAPEAU DE PAILLE... PAILLASSON... SOMNAMBULE...
BON BREF.
2008
ON A BIEN PARLÉ, THOMAS, C'EST BIEN. VOUS PRENDREZ DEUX SEMAINES DE REPOS...
ET ME FEREZ 3 AVE MARIA.
Semaine 3
BON, T'ES PLUTÔT CHANCEUX, TOI.
OCULAIREMENT PARLANT...
T'AURAIS VU L'IRM DE TON CONFRÈRE, JOHN PHILLIPS !
TIENS DONC.
EN SIX MOIS D'IMPESANTEUR, SA VUE ÉTAIT PASSÉE DE 20/20 À 20/100.
SUR TERRE, LES FLUIDES DE LA TÊTE SORTENT DU CRÂNE PAR LE BAS, PAR GRAVITÉ.
gravité
impesanteur
DANS L'ESPACE, IL Y A TROP DE FLUIDES DANS LA TÊTE, QUI COMPRIMENT LE NERF OPTIQUE ET DÉFORMENT LE GLOBE OCULAIRE... L'ASTRONAUTE BIGLE.
SPOUIC !
MAIS ?! JEAN-CHRIS EST TOUJOURS BLOQUÉ DEHORS ?
QUI VA LE CHERCHER ?
MOI J'PEUX PAS, J'VOIS QUEUD !
MOI J'PEUX PAS.
MOI, JE SUIS TROP BARBOUILLÉ.
ET PATRICK EST COMPLÈTEMENT EN DÉPRESSION, IL A LE MAL DU PAYS.
C'EST PAS ÇA ! C'EST LA MÉNOPAUSE !
exploration de Mars fig. 4

*BDC : Baseline Data Collection

OH BRIGITTE, JE T'AI PAS DIT ! J'AI VU PESQUET AU BOURGET, AUJOURD'HUI !
J'AIME CE GARS ! ÇA, C'EST LA FRANCE QUI BOUGE ! LA FRANCE GAGNANTE !
LE DYNAMISME
LE CHALLENGE
LE COURAGE FACE À LA DIFFICULTÉ.
SI TOUS LES STARTUPERS LUI RESSEMBLAIENT UN PEU PLUS, J'PEUX TE DIRE QUE LA FRANCE DÉPOTERAIT SUR LE TERRAIN INTERNATIONAL, CHATON !
BEN INVITE-LE À TON SÉMINAIRE GOUVERNEMENTAL !
OUAIS MAIS C'QUI M'EMBÊTE, C'EST QUE SUR LES PHOTOS, IL EST PLUS GRAND (ET BARAQUÉ) QUE MOI... ET ÇA, J'AIME PAS.
ENVOIE LE PREMIER MINISTRE, IL FAIT 1,94 M.
?
PAF !
ET ARRÊTE DE GRIGNOTER ! EN PLUS D'ÊTRE PETIT, TU VAS ÊTRE GROS !
Cher Thomas, vendredi, je fête l'intégration de mon gouvernement (yolo !). Puisses-tu venir insuffler à mon équipe l'esprit de la win, le goût de l'excellence, l'envie, oserais-je dire, de toucher les étoiles ! Même si en fait, ce ne sont que des messieurs en cravate. Bisous.
MOI, J'AI FAIT DES CLAQUETTES AVEC OBAMA.
MOI, J'AI DÛ CHASSER L'OURS ET MANGER DU CASTOR AVEC POUTINE.
BEN MOI, J'AI FAIT UN HAMMAM AVEC NIXON !!!
ENCORE LUI ?!
BREF, DANS SIX MOIS, JE POURRAI RE-POSTULER À UNE MISSION.
ET ATTENDRE UNE AFFECTATION...
UN SACRÉ RIGOLO CE NIXON
HA ! HA !
YEAAAH !
... REVENIR DANS LE GRAND POT COMMUN DES ASTRONAUTES QUI SOUHAITENT REPARTIR DANS L'ESPACE.
TUTULUTU TU
QUI QUI VA VOLER ?
20 millions d'EUROS
ESA
TU VISES QUOI ?
STATION SPATIALE INTERNATIONALE ?
NAAN
OU LA STATION CHINOISE...
HM
LA LUNE
SI
TROP TÔT
J'APPRENDS LE CHINOIS
MARS
SPACE X ?
2050
NO
ORION
SI
?
BUDGET !
INEPTIE !
CHOIX POLITIQUE
DÉSENGAGEMENT RUSSE

POURQUOI FAIT-ON TOUT ÇA ?
BON BEN C'EST PAS TOUT ÇA, MAIS IL EST 21H05 ET JE ME LÈVE À 4H.
MOI J'AI LAVEMENT.
MOI, ON ME PRÉLÈVE 240 CL DE SANG DE GENOU.
QU'EST-CE QUI NOUS MOTIVE ?
HA ! HA ! DOUCEMENT.
TAP TAP
ON M'A PRIS DE LA MOELLE DE CLAVICULE.
À QUOI ÇA SERT DE DÉPENSER DES FORTUNES DANS L'ESPACE PENDANT QUE DES ENFANTS MEURENT DE FAIM…
SALAUDS D'ASTRONAUTES ! VOUS AVEZ PAS HONTE ?
ORDURES D'INGÉNIEURS AÉRONAUTIQUES, VA !
$
ESSAYER DE VOIR JUSQU'OÙ ON PEUT ALLER, AU PRIX DE GRANDS RISQUES, EST LA CONTINUITÉ D'UNE TRÈS LONGUE TRADITION "IRRÉPRESSIBLE".
ET SI J'ALLAIS VOIR CE QUI SE PASSE HORS DE L'EAU ?
FAIS PAS ÇA, SÉVERINE !!! T'ES FOLLE !
À QUOI BON ?!
T'AS PENSÉ AUX ALEVINS QUI NE MANGENT PAS À LEUR FAIM, ÉGOÏSTE !!!
L'EXPLORATION EST TOUJOURS COÛTEUSE, HUMAINEMENT ET FINANCIÈREMENT. MAIS ON EN RAPPORTE DU SAVOIR, DE L'EXPÉRIENCE…
BON, IL EST PTÊT TEMPS DE VOIR CE QU'IL Y A AU BOUT DE CET OCÉAN, NON ?
Y A RIEN ! VOUS ALLEZ ATTEINDRE LE BORD DU MONDE !
ET SOMBRER DANS LES LIMBES !
BANQUE
ET TON CRÉDIT ?
À MON RETOUR.
OUAIS BEN C'EST PAS TRÈS TRÈS COOL POUR LES LÉPREUX D'ANDALOUSIE !

SAUF QUE LA CONQUÊTE SPATIALE N'A PAS DE RETOMBÉES ASSEZ SPECTACULAIRES AUX YEUX DE CERTAINS.

PIRE, ELLE NE SERAIT PAS RENTABLE, CE QUI EST FRANCHEMENT MAL VU DEPUIS LES ANNÉES 1980.

POURTANT À UNE ÉPOQUE (1945-80), UN CERTAIN VANNEVAR BUSH* DÉCRÉTA QUE LA SCIENCE N'AVAIT PAS À ÊTRE RENTABLE.

EN GROS, VANNEVAR BUSH DIT QU'ON NE PEUT JAMAIS SAVOIR CE QU'UNE RECHERCHE SCIENTIFIQUE DONNERA COMME RÉSULTAT DANS LE FUTUR.

*Vannevar Bush : conseiller scientifique de Roosevelt.

C'EST POUR ÇA QUE LES ENTREPRISES PRIVÉES LAISSENT LES ÉTATS FINANCER LA RECHERCHE FONDAMENTALE.

COMME ÇA, SI ÇA NE DONNE RIEN, ILS NE FERONT PAS PARTIE DES DÉÇUS.

MAIS SI CETTE RECHERCHE ABOUTIT À QUELQUE CHOSE...

LES BOÎTES PRIVÉES POURRONT L'UTILISER GRATIS POUR FAIRE DE LA SCIENCE APPLIQUÉE.

ET DONC, VANNEVAR BUSH DE CONCLURE :

AJOUTEZ À ÇA QUE DANS LE SPATIAL, PLUSIEURS ÉTATS COLLABORENT. ON EST AU-DELÀ DU BIEN PUBLIC, ON EST DANS LE BIEN COMMUN.

QUANT À MOI...
CALL TAXI
PAF!
BRAVO, PETIT !
AÏE
CRRR
NICE MISSION. UNE COM AU POIL. ZÉRO BOULETTE. T'ES DES NÔTRES. TU MÉRITES UNE CRAVATE - PRESQUE - AUSSI JOLIE QUE LA MIENNE.
ALLEZ, DIS-LE !!! MAINTENANT QUE TU SAIS CE QUE ÇA FAIT !
T'ES DEVENU ACCRO, HEIN ?
TU VENDRAIS TA MÈRE POUR Y RETOURNER !
AVOUE !
LÀ, J'AI SURTOUT BESOIN D'UNE OU DEUX GROSSES SEMAINES DE VACANCES.
... !!
VOIR MES PROCHES.
RÉFLÉCHIR.
APPRÉCIER LES JOIES SIMPLES DE LA VIE !
ME RESSOURCER.
T'ES AU COURANT POUR LA NOUVELLE RECRUE, LÀ, MATTHIAS MAURER ?
LA RUMEUR LE VOIT DÈS 2019 DANS LA STATION.
QUOI ?! LUI ? POURQUOI LUI ?! MAIS IL EST PAS PRÊT, LUI !
MY CRAVATE
MOI J'SUIS PRÊT !! P'TAIN !
BAM
ET C'EST REPARTI !

♫ I'M POOR LONESOME ♫ ASTROONAUTE ♫♫
PF.FRRR
♫ J'AI-MEU TANT EN BAA-VER ♫
♫ QUE JE SUIS ♫ CAP' D'Y RETOURNEER !!

BIBLIOGRAPHIE

LIVRES

L'Étoffe des héros – Roman de Tom Wolfe.

Packing for Mars : The Curious Science of Life in the Void – Mary Roach.

Riding Rockets The Outrageous Tales of a Space Shuttle Astronaut – Mike Mullane.

Mon compte à rebours – mission de l'astronaute Frank De Winne mais racontée du point de vue de sa femme, Lena Clarke-De Winne.

DOCUMENTAIRES / FILMS

L'Étoffe des héros – par Philip Kaufman d'après le livre de Tom Wolfe.

A Year In Space – super documentaire de *Life* sur la mission d'un an de Scott Kelly – 12 épisodes sur YouTube.

Thomas Pesquet, l'étoffe d'un héros – DVD – documentaire qui retrace la dernière année d'entraînement.

Thomas Pesquet, envoyé spatial – DVD/VOD/Blu-Ray – documentaire qui retrace les six mois de la mission spatiale dans l'ISS.

16 levers de soleil – visible dans les planétariums et sur les écrans géants à partir de février 2018.

16 levers de soleil, l'extraordinaire aventure spatiale de Thomas Pesquet – long-métrage cinéma (sortie salles en 2018).

Dans la peau de Thomas Pesquet – expérience en réalité virtuelle.

Tous ces films sont réalisés par Pierre-Emmanuel Le Goff et Jürgen Hansen, et produits par La Vingt-Cinquième Heure et Prospect TV.

Gravité zéro Jürgen Hansen/La Vingt-Cinquième Heure et Prospect TV, où vous pouvez voir Alexander Gerst limer une vis dans de la mousse à raser.

INTERNET

Si vous voulez faire quelques tests de sélection passés par les astronautes (révisez votre anglais) :
http://www.esa.int/Our_Activities/Human_Spaceflight/European_Astronaut_Selection/Astronaut_selection_test_Try_this

Pour voir les W-C spatiaux d'entraînement sur le site de la NASA, tapez *Shuttle's Toilet Requires Special Training* sur youtube ou :
https://youtu.be/m1wwzwvfsC0

Neutral byuancy laboratory (NBL de la NASA) - photos : **https://www.flickr.com/photos/thom_astro/sets/72157663729969640**

Hypoxie : vidéo de Patrick Baud, *Une journée chez les astronautes* : **https://youtu.be/lNJfRjxYwrc**

Vidéos faites par Andreas Mogensen à Star City, notamment au Profi où vivent les astronautes de l'ESA sur place. On y voit, à la fin, Andreas et Thomas potassant une pile de documentation qui donne une idée de la quantité d'informations à retenir :
https://youtu.be/MCE8Wfztilg

Une autre où Thomas et Andreas sont dans un simulateur Soyouz à Star City, en Russie (EN) : **https://youtu.be/boPOZGD8WzY**
Voici comment on rentre sur Terre, plus proprement que dans *Gravity* (EN) : **https://youtu.be/-l7MM9yoxlI**

Pour étudier la perte osseuse des astronautes, on examine leurs urines… en les brûlant. Attention le gars est survolté.
Et c'est en anglais : **Burning Astronaut Pee - Smarter Every Day 149** ou **https://youtu.be/05oOst9kZXQ**

Balade virtuelle de la station spatiale : **http://esamultimedia.esa.int/multimedia/virtual-tour-iss/**

Caméra en live de la station spatiale. Parfois on voit et entend en direct ce que font les astronautes en temps réel :
http://iss.destination-orbite.net/live.php

Vidéo montrant le problème de fuite qu'a rencontré Luca Parmitano durant son EVA : **https://youtu.be/6Y69QJ5aCeQ**

Même chose expliquée (en anglais) par Chris Cassidy : **https://youtu.be/pZcyxm0cPkE**

Vidéo super cool où l'on voit Scott Kelly bidouillant une boule d'eau : **https://youtu.be/bKk_7NIKY3Y**

ARTICLES

Journal de bord de Thomas Pesquet dans *Ciel & Espace* :
https://www.cieletespace.fr/actualites/le-journal-de-thomas-pesquet-l-integrale

Diverses expériences faites en vol - Mares : **https://youtu.be/Iuswr7Ju7ns**

Si vous avez 7 heures devant vous, vous pouvez revoir une des sorties extra-véhiculaires :
https://youtu.be/pA5Nru_VbnA

Retrouvez d'autres vidéos sur **http://tumourrasmoinsbete.blogspot.fr/**

REMERCIEMENTS

J'aimerais évidemment remercier Thomas Pesquet pour sa confiance, sa disponibilité et son courage, tant la présence d'un auteur de BD peut être l'un des aspects les plus terrifiants d'une mission spatiale.

Un grand merci à Anne Mottet, pour son enthousiasme, ses retours et ses invitations autour d'un pied de cochon avec les copains de promo.

Pierre, l'homme de conseil, de relecture, de soutien moral.

Pauline, Adrien, mes phares dans la nuit de la création.
Merci aux éditions Dargaud pour m'avoir permis de voyager à travers le monde dans les pas des astronautes, mais qui, pour leur plus grand bonheur, ne me verront jamais en devenir un.

Afin de mener à bien ce livre, j'ai dû rencontrer beaucoup de gens que j'aimerais chaleureusement remercier mais que je ne pourrai, hélas, pas tous citer :
À l'ESA : Jean Coisne, Jules Grandsire, Laura André-Boyet, Hervé Stévenin, Romain Charles, Brigitte Godard, Ulrich Limper, Rémi Canton, pour leurs conseils, leurs réponses, leurs relectures.
Au CNES : Séverine Klein, Marie-Claude Siron, Nathalie Journo, Julien Watelet, Eric Lorigny, Sébastien Barde, Anne Pavy-Le Traon… et tous les autres qui m'ont consacré du temps aussi bien au CADMOS qu'au MEDES.

Mille mercis à Pierre-Emmanuel Le Goff et Jürgen Hansen, toutes les équipes de La Vingt-Cinquième Heure et Prospect TV sans qui je n'aurais pu faire aucun déplacement.
Alice Winocour et Émilie Buzyn pour leur précieuse compagnie à Baïkonour et leur soutien.
Mickaël et Julie pour leurs bons repas, le logis, la connivence canine.
Jean-François Rey pour la typo.
Isabelle Merlet pour les conseils colo.
Louis pour son éclair de génie.

Dépôt légal : décembre 2017 • ISBN 978-2205-07639-4
Imprimé et relié en France par PPO Graphic, 91120 Palaiseau